CW00880821

Dello stesso autore
nella collezione Oscar

Così parlò Bellavista
Croce e delizia
Il dubbio
Elena, Elena, amore mio
Nessuno
Oi Dialogoi
Ordine e Disordine
Panta rei
Raffaele
Socrate
Storia della filosofia greca - I
Storia della filosofia greca - II
Vita di Luciano De Crescenzo scritta da lui medesimo
Zio Cardellino

nella collezione Passpartout
Sembra ieri

nella collezione Illustrati
La Napoli di Bellavista

nella collezione I libri di Luciano De Crescenzo
Le donne sono diverse

nella collezione I Supermiti
I grandi miti greci

LUCIANO DE CRESCENZO

IL TEMPO
E LA FELICITÀ

ARNOLDO MONDADORI EDITORE

© 1998 Arnoldo Mondadori Editore S.p.A., Milano

I edizione I libri di Luciano De Crescenzo aprile 1998
I edizione Bestsellers Oscar Mondadori gennaio 2000

ISBN 88-04-47337-1

Questo volume è stato stampato
presso Mondadori Printing S.p.A.
Stabilimento NSM – Cles (TN)
Stampato in Italia – Printed in Italy

Il nostro indirizzo Internet è:
http://www.mondadori.com/libri

Il tempo e la felicità

Premessa

Che ci azzecca il Tempo con la Felicità? Apparentemente niente, in realtà moltissimo: tutti e due s'identificano col presente, e il presente, non a caso, fa rima con «apparentemente» e con «niente». Ma procediamo con ordine.

Il Tempo è il presente, ovvero quel breve istante che separa il passato dal futuro. Ma se il passato non è più, e il futuro non è ancora, lui, il Tempo, in quanto separazione tra due entità che non esistono, come fa a esistere? Lo stesso si può dire per la Felicità. Essere felici vuol dire essere contenti del presente. Tutti, a parole, sono convinti di essere stati felici in passato, e tutti sperano di essere felici in futuro; quando, però, si tratta di riconoscere che si è felici proprio nel momento in cui ci si pone la domanda, ebbene, diciamo la verità, non tutti ce la fanno.

Non esiste il passato, ma solo il presente del passato (che poi si chiama «memoria»). Non esiste il futuro, ma solo il presente del futuro (che poi si chiama «speranza»). L'unico ad avere qualche probabilità di esistere potrebbe essere il presente o, per meglio dire, il presente del presente (che poi, in ultima analisi, sarebbe «l'intuizione»). Rendersene conto è già qualcosa.

Riflettiamo un attimo sulla famosa domanda «Chi siamo, da dove veniamo, e dove andiamo?». Essa presuppone, quanto meno, la conoscenza di tre riferimenti che hanno tutti e tre a che vedere col Tempo, e precisamente: dove stavamo prima di nascere, dove siamo in questo momento, e dove andremo a finire dopo che saremo morti.

Capire il Tempo equivale a capire la vita, e di conseguenza anche la Felicità. Su questa strada, però, corriamo il rischio di «finire nelle chiavette», e qui s'impone una piccola spiegazione. A Napoli «finire nelle chiavette» sta per «entrare nel difficile», questo perché su un clarinetto una tonalità può essere impostata in due modi diversi: o coprendo i buchi con i polpastrelli, o agendo sulle chiavette. Ebbene, a detta degli esperti, quello delle chiavette sarebbe il metodo più difficile: provare per credere. La stessa cosa accade ogni qualvolta ci mettiamo a parlare del Tempo.

Seneca, trecentocinquant'anni prima di sant'Agostino, ha trattato a lungo l'argomento Tempo. Ne troviamo ampie tracce nelle *Lettere a Lucilio* e, soprattutto, nel dialogo *De brevitate vitae*. Mentre, per quanto riguarda la Felicità, si consiglia il dialogo *De vita beata*, che Seneca dedica a suo fratello Anneo Novato, morto assassinato per ordine di Nerone. Forse, però, sarebbe più esatto dire che tutti gli scritti di Seneca, dal primo all'ultimo, trattano dell'argomento Tempo e dell'argomento Felicità.

Alcuni temono che la Felicità sia un bene molto lontano, quasi irraggiungibile, motivo per cui corrono a più non posso nella speranza di avvicinarla, senza mai rendersi conto che più corrono e più se ne allontanano. La Felicità, invece, sostiene Seneca, è un bene vicinissimo, alla portata di tutti: basta fermarsi e raccoglierla. Il che, in un certo qual modo, mi ricorda una massima del divino Buddha: «È più facile essere felici salvando una formica che sta per affogare, che non fondando un impero».

Luciano De Crescenzo

In cantina

Abito a Roma, in via dei Fori Imperiali, a venti metri circa dal Foro di Nerva. Mi affaccio e vedo il tempio di Minerva, poco più in là, sulla destra, quello di Marte Ultore e tutt'intorno colonne, capitelli e marmi a non finire. Un giorno mi sono detto: «Ma può essere che lì ci sia tutto quel ben di Dio e qua sotto niente?». E così mi sono deciso: ho comprato una pala e un piccone e, senza dire niente a nessuno, una sera, poco prima di mezzanotte, mi sono messo a scavare. Dove? In cantina.

La prima buca l'ho fatta di un metro per un metro, quel tanto che bastava per potermici calare dentro. Poi ho continuato a scavare fino a raggiungere un paio di metri di profondità. Ora, non so come spiegarlo, ma lo scavare in cerca di qualcosa è una specie di droga che quando ti prende non ti molla più. A volte, distrutto dalla fatica, me ne tornavo a casa a dormire, e nel dormiveglia continuavo a scavare con il pensiero. Vedevo, nel buio della mia stanza da letto, statue di marmo emergere dal pavimento e cofanetti d'argento che si aprivano da soli per mostrarmi i loro preziosi contenuti, ovviamente tutti in monete d'oro.

In meno di una settimana sono arrivato alle pareti laterali della cantina. Ancora venti centimetri e avrei compromesso la stabilità dell'intero edificio. La buca iniziale era diventata una voragine. Quanto a profondità, poi, stavo ormai sui tre metri e forse anche più. Per potermici calare avevo bisogno

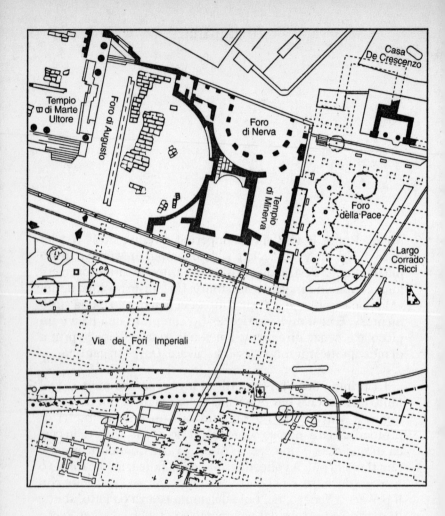

di una scala di legno degna di un imbianchino. Incredibile a dirsi, ma nel giro di un mese ero riuscito a creare un vano sotterraneo ancora più grande della stessa cantina

All'inizio non trovo nulla d'interessante, a parte un enorme tubo di fogna che mi sono ben guardato dall'intaccare, poi comincia a far capolino qualcosa di antico. Trovo delle mura enormi, larghe quasi un metro, e tutte rivestite, da capo a piedi, di *opus reticulatum*, ovvero di quei cubetti di tufo a forma di rombo, tipici delle costruzioni romane. Un metro più in basso, infine, raccatto una decina di cocci di terracotta, uno dei quali con un bel fregio colorato lungo tutto il bordo: evidentemente deve aver fatto parte di un servizio da tavola appartenuto a una famiglia patrizia dell'epoca augustea.

L'emozione è enorme. Stabilire la data dei cocci è, comunque, una cosa al di là delle mie possibilità. Se ora mi azzardo a parlare di primo secolo dopo Cristo, è solo perché i titolari dei Fori sui quali poggia la mia casa, ovvero gli imperatori Nerva e Vespasiano, erano entrambi di quel periodo. So, però, che quei cocci sono rimasti lì, sottoterra, per quasi venti secoli e che io, con le mie manine, li ho riportati alla luce. Ora, andare a informarmi da un esperto può essere pericoloso. Non conosco bene la legge, ma sono sicuro di aver commesso un reato, magari un reato non molto grave, ma pur sempre un reato. L'inquilino del primo piano, per esempio, il dottor Canessa, ha già cominciato ad avere qualche sospetto. Un giorno mi ferma e mi dice:

«Ingegnere, ieri sera, verso le undici, l'ho vista scendere in cantina. Poi la mattina dopo, alle sei, quando sono andato a comprare i giornali, l'ho vista risalire. Non mi dica che è rimasto laggiù, in cantina, tutta la notte, solo soletto...» Poi una pausa e alla fine una stoccata: «... o non era solo?».

E qui sfodera un sorrisino malizioso, come a insinuare che ero sceso in dolce compagnia. Sorrido anch'io, preferendo che mi consideri un playboy cavernicolo piuttosto che uno scavatore abusivo. Comunque, devo stare più attento. Si sa come vanno a finire certe cose: uno si confida col vicino di casa, quello poi vuol partecipare anche lui, e alla fine racconta tutto ai colleghi di ufficio. Il giorno dopo ti ritrovi in casa i carabinieri e la Sovrintendenza per i Beni Artistici e Storici, che in materia di scavi abusivi non scherza affatto.

Nei giorni successivi continuo a scavare, e questa volta spunta fuori una lastra di marmo con sopra una figura di donna velata, da me immediatamente battezzata «la Vestale». Purtroppo, però, la lastra è spaccata a metà e la mia Vestale è rimasta senza gambe. Mezzo metro più in là, poi, trovo una seconda lastra di marmo, ancora più grande della prima, con sopra delle linee parallele, dei puntini, e tre lettere misteriose: P P I. Non riesco a immaginare a cosa si possano riferire; l'importante, però, è che il mio museo si sia arricchito di altri due pezzi. Insomma, per concludere, non penso ad altro: non vedo l'ora che si faccia buio per poter riprendere gli scavi. «Prima o poi» mi dico «troverò un tesoro.» Il tutto senza mai poterne parlare con nessuno.

Alessia

Il secondo passo lo faccio quando iniziano gli scavi al Foro di Nerva, quelli eseguiti dalla Sovrintendenza per i Beni Artistici e Storici. Sempre guardando dalla finestra, una mattina vedo arrivare una scavatrice, alcuni operai e la direttrice degli scavi, la dottoressa Rizzo. Scendo subito e mi precipito nei Fori.

La Rizzo mi riconosce.

«Oh, De Crescenzo! Come va?»

«Cosa dovete fare?» le chiedo.

«Abbiamo dato inizio al progetto Fori» risponde lei, gentile e sorridente.

«Quale progetto?»

«Quello degli scavi. A partire da oggi apriremo, l'uno dopo l'altro, tre cantieri: inizieremo con Nerva, poi proseguiremo col Foro di Cesare, e per ultimo metteremo mano a Traiano. Per il Giubileo ci proponiamo di portare alla luce tutta l'area dei Fori.»

Da quel giorno divento il più assiduo spettatore degli scavi. Ogni mattina sono lì, impalato, come un dipendente del Ministero dei Beni Culturali.

Tra gli addetti ai lavori, chi più di tutti attira la mia attenzione è una ragazza, tale Alessia, un'assistente, peraltro anche carina, della dottoressa Rizzo. Avrà sì e no ventitré anni ed è iscritta all'ultimo anno di Lettere con specializzazione in archeologia.

«Ma in pratica che fai?» le chiedo.

«Ho avuto come tesi la registrazione dei reperti dei Fori Imperiali, e quindi, man mano che dagli scavi esce qualcosa, io lo registro.»

«In che senso lo registri?»

«Innanzitutto assegno un numero progressivo a ogni reperto, e poi cito il genere, il materiale, la profondità, la data e il luogo di ritrovamento.»

«E durante l'intervallo dove vai a mangiare?»

«Qui vicino, allo Snack Bar di Largo Corrado Ricci.»

La invito a colazione. Prendiamo due capresi e due birre. Alessia pensa subito che le voglia fare la corte, e non ci sarebbe nulla di strano dal momento che lei è una bella ragazza e io uno con la fama (immeritata) del *single* sempre a caccia d'avventure. Durante il pranzo, però, parliamo solo di archeologia.

«Io abito lì» le dico, indicandole il palazzo che fa angolo con Largo Corrado Ricci. «In pratica vivo a due passi dai Fori.»

«Beato lei!» esclama Alessia. «Io, invece, abito a Prima Porta e la mattina, per arrivare in centro, ci metto quasi un'ora.»

«Ma, secondo te,» le chiedo, tanto per tastare un po' il terreno, «se scavassi sotto casa mia, intendo dire in cantina, cosa troverei?»

«Un sacco di cose: la sua casa è piazzata giusto sul Foro della Pace. Pochi metri più in là comincia la Suburra.»[1]

«Cosa mi puoi dire del Foro della Pace?»

«Lo costruì Vespasiano per custodire i bottini di guerra delle guerre giudaiche»[2] risponde col tono di chi sta affrontando un esame di archeologia. «Ci dovrebbero essere anche statue di provenienza greca. Vespasiano, con questo Foro, voleva sancire, una volta per tutte, la pace tra il mondo ro-

---

[1] Quartiere popolare dell'antica Roma, ubicato tra il Celio e l'Esquilino.
[2] Guerre a conclusione delle quali Tito, figlio di Vespasiano, espugnò Gerusalemme dopo cinque mesi di assedio.

mano e quello greco. Secondo la leggenda ci custodiva anche i bottini di guerra.»

«Allora, scavando, potrei trovare dei tesori?»

«Altro che!» risponde Alessia ridendo. «Potrebbe trovare, per esempio, il tesoro di Giugurta,[3] una cassa di ferro piena di lingotti d'oro che due secoli prima il console Gaio Mario aveva seppellito giusto in questo terreno.»

E sempre scherzando continuiamo a parlare di scavi e di tesori, io dandole del tu e lei dandomi del lei. A un certo punto protesto.

«Alessia, scusami, ma perché mi dai del lei? Ti sarei grato se...»

«... d'accordo, ci proverò» risponde la ragazza. «Da quanto tempo stai qui?»

«Dal '71. Tu, invece, da quanto tempo abiti a Prima Porta?»

«Da sempre. Io, nel '71, non ero ancora nata. E com'è che ti piace così tanto l'archeologia?»

«Fin da piccolo ho amato l'antichità. Mio padre mi portò a Pompei quando non avevo ancora cinque anni. Poi mi regalò un libro della Scala d'Oro intitolato *La leggenda aurea degli Dei e degli eroi.* Io, ovviamente, all'epoca non sapevo ancora leggere, restai però affascinato dalle figure degli Dei. Insomma mi accadde quello che mezzo secolo prima era già capitato a Schliemann. Il padre gli aveva regalato un libro con l'incendio di Troia in copertina, e lui, da grande, non trovò pace finché non scoprì i resti dell'antica città di Priamo. Non appena divenne miliardario, infatti, andò in Turchia e si mise in contatto con le autorità del posto. Lo presero per pazzo: gli dicevano che quella di Troia era solo una leggenda e che sarebbe stato del tutto inutile mettersi a scavare. In pratica era come se io adesso mi recassi in Germania, nella Foresta Nera, e chiedessi in giro dov'è la casa di Biancaneve. Ma Schliemann era una capatosta: dette lo stesso inizio agli scavi. D'altra parte era pieno di soldi, e i turchi, se non altro per

---

[3] Re di Numidia, sconfitto prima da Metello e poi da Mario, morì strangolato nel 104 a.C.

spillargliene il più possibile, lo fecero contento. Gli dicevano: "Troia dovrebbe trovarsi lì", e gli indicavano una collina qualsiasi. Ma lui, che conosceva tutta l'*Iliade* a memoria, subito rispondeva: "Nossignore: lì non è possibile. Come dice Omero nel ventiduesimo canto, quello del duello di Ettore e Achille? *I due eroi correvano, l'uno fuggendo e l'altro inseguendo, e per ben tre volte girarono intorno alla rocca di Priamo con rapidi piedi.* Ebbene, intorno a questa collina non avrebbero mai potuto girare tre volte". E i turchi: "Allora potremmo scavare su quell'altra collina, quella laggiù in fondo". E lui: "Nemmeno lì è possibile: non avremmo più la confluenza dello Scamandro con il Simoenta". Insomma, tanto fece e tanto disse che fu lui a individuare il posto esatto dove dare inizio agli scavi: la collina di Hissarlik.»

«E trovò anche il tesoro di Priamo?»

«Proprio così: lo trovò lui... in persona! Una mattina vide qualcosa luccicare nel terreno sotto un muro alto otto metri, un muro che stava lì lì per crollare. Incurante del pericolo, si mise a scavare con le mani e, quando si rese conto che si trattava di un tesoro, chiese alla moglie di avvertire i centocinquanta operai che era iniziata la *paidos*, cioè la pausa pranzo. "Ma è ancora presto" obiettò la moglie. "E allora mandali a casa: di' loro che oggi è il mio compleanno, e che io li pago lo stesso, come se avessero lavorato per tutta la giornata." Poi, man mano che dal terreno sbucavano vasi e gioielli, li ammucchiava sullo scialle della moglie, una ragazza greca di vent'anni che lui aveva sposato solo perché si chiamava Sofia, ovvero "saggezza". Trovò uno scudo di rame di finissima fattura, tre vasi intarsiati, alcune bellissime coppe d'oro (di cui una a forma di nave), due diademi, sei braccialetti e la bellezza di novemila orecchini, ovviamente d'oro. Insomma, una fortuna immensa. Portò l'intero bottino all'interno di un capanno e qui denudò la moglie, per poi rivestirla da capo a piedi con tutti i gioielli che aveva trovato. Alla fine la contemplò estasiato e le disse: "Tu sei Elena!".»

«Che io sappia,» obietta Alessia «quello non era il tesoro di Priamo. I pezzi appartenevano a qualche re asiatico vissuto mille anni prima di Priamo...»

«... questo non ha importanza: la verità storica è solo un dato trascurabile. L'importante è la verità poetica, ovvero l'emozione che Schliemann deve aver provato quando ha messo le mani sul tesoro.»

«Sì, ma all'Istituto di Archeologia dicono...»

«Lascia stare l'Istituto di Archeologia: quelli non sono poeti, sono contabili.»

«Quindi a lei sarebbe piaciuto fare l'archeologo?»

«Mi stai dando di nuovo del lei.»

«Oh, scusami... quindi a te sarebbe piaciuto fare l'archeologo? Ma lo sai che gli archeologi guadagnano poco, anzi pochissimo?»

«Sì, ma vivono una vita meravigliosa: l'archeologia unisce il mistero, la cultura e lo sport. Come mestiere è il più bello che ci sia!»

«È vero,» ammette Alessia «e poi si lavora sempre all'aperto.»

«Non sempre. Qualche volta si lavora anche al chiuso. A proposito, vogliamo passare un attimo da casa mia?»

«Eccolo lì,» pensa Alessia, «adesso questo ci prova!»

La Forma Urbis

Decido di non farle proposte di nessun tipo, né archeologiche né sessuali. Conosco Alessia da troppo poco tempo per poterla mettere al corrente dei miei segreti. Solo dopo un'altra settimana di visite agli scavi, e altre due colazioni allo Snack Bar, mi decido a portarla in cantina.

«Tu devi essere pazzo!» esclama lei, non appena vede la buca. «Ma lo sai che cosa stai violando?»

«No, che cosa?»

«La 1089.»

«E che cos'è la 1089?»

«È una legge dello Stato» precisa Alessia, per poi recitarmi tutto di un fiato l'articolo di legge. «"Tutti i beni che si trovano nel sottosuolo e che presentano un qualche interesse artistico, storico o archeologico, sono di proprietà dello Stato. Chi li porta alla luce senza un regolare permesso delle autorità competenti, o senza denunziarne il ritrovamento, è passibile di una pena detentiva da sei mesi a un anno e di un'ammenda da 750.000 lire a 37 milioni."»

«Vuoi dire che rischio di finire in galera?»

«Certo che rischi.»

«In cella?»

«In cella.»

«E allora vuol dire che se mi mettono in una cella, inizierò a scavare anche lì. Ormai non ce la faccio più a stare fermo. Per me scavare è diventato un bisogno.»

«Sì, sì, tu scherza, e poi vedrai quello che ti succede. Io, comunque, sono costretta a raccontare tutto alla dottoressa Rizzo.»

«No, aspetta un pochino: ragioniamoci sopra.»

Insomma, è dura. Lei vuole per forza riferire tutto ai suoi superiori, e io devo ricorrere a tutte le mie arti persuasive per ottenere almeno un mese di proroga.

«Te lo giuro, Alessia,» le prometto «a fine settembre mi autodenuncerò: dichiarerò che sono stato costretto a scavare in cantina per un tubo di fogna che perdeva, e che solo per caso ho trovato alcuni reperti archeologici.»

Poi le mostro il mio piccolo museo: la Vestale senza le gambe, i vari pezzi di marmo (sette in tutto) e i cocci di terracotta.

«Quelli che tu chiami cocci di terracotta sono frammenti di *sigillata africana*: sono pezzi particolarmente pregiati, dovevano appartenere a una famiglia patrizia. In genere, i cocci che troviamo appartengono alla *sigillata* povera, che si distingue da quella africana per lo spessore e la grossolanità della fattura.»

«E poi» aggiungo «ho trovato una lastra di marmo, alta cinque centimetri, e con sopra la sigla del Partito Popolare Italiano: P P I.»

Quando Alessia vede il pezzo di marmo, impallidisce: per un attimo penso che stia per svenire.

«Oddio!» urla. «La *Forma Urbis*!»

«E che cos'è la *Forma Urbis*?»

«No, tu sei pazzo! No, tu sei davvero pazzo! Ma lo sai che cosa hai trovato? Lo sai?»

«No, non lo so.»

«Hai trovato un pezzo della *Forma Urbis*.»

«E cioè?»

«Ma sei proprio ignorante! Settimio Severo nel terzo secolo dopo Cristo fece scolpire una pianta di Roma in marmo, per poi esporla nel Foro della Pace. Ora, a detta degli esperti, i pezzi all'origine dovevano essere varie centinaia. Molti però, purtroppo, sono andati persi, e fino a oggi ne abbiamo trovati solo 146. Ora tu, disgraziato, ne hai scoperto un altro.»

«E queste lettere, P P I, che vogliono dire?»

«Con ogni probabilità indicano la via Appia. Ma mi accorgo che non ti sei ancora reso conto di quello che hai trovato. In ogni caso, adesso portiamo il pezzo alla dottoressa Rizzo e tu le racconti tutto dal principio.»

«E dàlli con questa dottoressa Rizzo! A me quella non mi convince. Mi dà l'idea che, un minuto dopo che le ho raccontato la cosa, mi va a denunciare ai carabinieri. Ma tu che paura hai? Tanto, da qui il pezzo non scappa. Dobbiamo prima riflettere.»

Insomma, la *Forma Urbis marmorea* è una grande scoperta. Da quel poco che mi racconta Alessia capisco che si tratta di una specie di *Tuttocittà* in marmo, scolpita diciotto secoli fa. Mi procuro dei libri illustrati dov'è raffigurata la *Forma Urbis* e ho modo di capire che cosa possa esserci sotto casa mia: una delle due esedre del Foro della Pace.

Uno dei problemi dello scavo è lo smaltimento della terra scavata. Sono costretto a uscire più volte, nel cuore della notte, con decine e decine di borse di plastica zeppe di terra, e sempre con la paura d'incontrare il dottor Canessa. E difatti, una sera, eccolo lì, l'impiccione, sorprendere me e Alessia con due borse di plastica a testa, proprio mentre stiamo uscendo dalla porta della cantina.

«Eh, ingegnere, ingegnere...» mi canzona lui, sempre con quel suo sorrisino melenso. «Beato lei, che la vita se la prende allegramente!»

Alessia, comunque, risulta utilissima. A parte lo smaltimento della terra scavata e l'identificazione dei pezzi, mi dà anche preziosi consigli su come procedere nello scavo. Finché un bel giorno, anzi una bella notte, il piccone non urta qualcosa di metallico. Una enorme cassa di ferro.

«Il tesoro di Giugurta!» esclamo, al colmo dell'emozione. «Ho trovato il tesoro di Giugurta!»

Una volta ripulita la cassa dal terriccio, tentiamo di aprirla, ma non c'è nulla da fare, e non tanto perché sia chiusa a chiave, quanto perché, col tempo, è diventata un pezzo unico con il coperchio. Insomma, abbiamo bisogno di un fabbro, che però non possiamo nemmeno far scendere in cantina, se non vogliamo correre il rischio di essere denunciati. In compenso, la cara Alessia è diventata mia complice in tutto e per tutto: muore dalla voglia di vedere che cosa c'è nella cassa, e non nomina più la dottoressa Rizzo.

Trasportiamo la cassa fino al terzo piano, scalino dopo scalino, sempre, però, col terrore di essere scoperti dal dottor Canessa. Poi, grazie a Dio, e soprattutto grazie al fabbro, riusciamo ad aprirla, ma al posto dei famosi lingotti d'oro di Giugurta troviamo una trentina di carboni.

«Che peccato,» esclamo deluso «sono solo carboni!»

«Ma che carboni e carboni!» mi corregge Alessia. «Questi sono papiri.»

«Papiri? Ma se sono tutti bruciacchiati...»

«Ed è una fortuna che lo siano! I papiri non reggono ai secoli. Per farcela, si devono prima cuocere. In Egitto hanno resistito per merito del clima. A Ercolano per merito del Vesuvio e della pioggia di lapilli. Questi qui, invece, con ogni probabilità, ce l'hanno fatta grazie a un incendio.»

«Quello di Nerone?»

«Vàllo a sapere. Nella Roma dei Cesari, e in particolare nella Suburra, di incendi ne scoppiavano almeno uno al mese.»

«Cerchiamo di vedere se si riescono a leggere.» E, così dicendo, faccio per prenderne uno.

«Non lo toccare, per carità: rischieresti di sbriciolarlo. Domani mattina cercherò d'informarmi. Ho un amico in Vaticano che sa tutto sui papiri.»

«Sì, però non dire niente alla dottoressa Rizzo, quella è terribile.»

I papiri

L'operazione papiri non è affatto semplice. Innanzitutto perché Alessia, seppure specializzata in archeologia, di papiri capisce poco o niente, e in secondo luogo perché ho bisogno di un tecnico che me li sappia svolgere senza però denunciarmi alla Sovrintendenza per i Beni Artistici e Storici. Risolviamo il problema grazie all'aiuto del professor Carloni, un giovanottone occhialuto, alto quasi due metri, che lavora presso la Biblioteca Apostolica Vaticana, e che per alcuni anni è stato assistente all'Istituto Papirologico di Firenze «Gaetano Vitelli».

Il professor Carloni, diciamolo subito, non mi accoglie per niente bene: si considera il fidanzato di Alessia e tende a trovare antipatico chiunque veda ronzarle intorno. Invano, per tranquillizzarlo, faccio riferimento alla mia non più giovane età: lui, come tutti gli innamorati, è geloso anche dell'aria che la sua bella respira.

«Vi conoscete da molto?» mi chiede, guardandomi al di sopra degli occhiali.

«No, da poche settimane» rispondo io. «Ci ha presentati la dottoressa Silvana Rizzo, una vecchia amica di famiglia.»

Alessia, in verità, prima di entrare nello studio del professore, mi aveva già informato che tra loro c'era qualcosa.

«Ma siete fidanzati?» le avevo chiesto.

«Usciamo spesso insieme» fu la risposta.

«Che vuol dire "usciamo spesso insieme"? Fate l'amore, sì o no?»

«Se permetti, questi sono cavoli nostri» rispose Alessia alquanto risentita. «Non vedo perché dovrei raccontare i fatti miei al primo venuto. Tu pensa ai tuoi papiri e non rompere!»

Quel «primo venuto», sbattutomi in faccia in quel modo, non mi andava per niente bene. Tutto sommato, io e Alessia non eravamo più due estranei: avevamo un segreto in comune, e che razza di segreto! Glielo feci notare e, sebbene a malincuore, ammise che tra lei e il professore c'erano solo delle coccole.

«Enrico è un uomo all'antica: pensa che una ragazza debba avere la sua prima esperienza completa il giorno delle nozze. Io, invece, sono convinta che due giovani, prima di compiere un passo così impegnativo come il matrimonio, dovrebbero quanto meno verificare se stanno bene insieme. Lui, però, non ne vuole sapere. Tutta colpa dello zio.»

«Quale zio?»

«Monsignor Carloni, che poi è anche il suo diretto superiore alla Biblioteca Apostolica Vaticana. Zio Giuseppe è un sacerdote che, ogni volta che mi vede, mi guarda storto. Probabilmente vorrebbe che il nipote prendesse i voti, e pensa che la colpa sia mia se non lo ha ancora fatto.»

«E tu che ne pensi?»

«Beh, per volergli bene, gli voglio bene. Solo che lo vorrei... come dire... un po' più... un po' più moderno.»

«Insomma, vorresti che ti portasse a letto.»

«Voi dello spettacolo avete sempre un modo antipatico di dire le cose.»

«Senti, bella mia, a parte il fatto che io non sono "uno dello spettacolo", guarda che anche gli antichi parlavano così. Se non mi credi, leggiti *L'asino d'oro* di Apuleio.»

Ma non la convinsi: per Alessia quelli della tv erano tutti una manica di depravati.

«Dove lo avete trovato?» ci chiede il professor Carloni, non appena vede uno dei papiri.

«In soffitta, a casa di mio padre» rispondo io, prima che Alessia possa interloquire, «e ce ne sono anche degli altri.»

«E suo padre dove li ha trovati?»

«Non ne ho la minima idea. Ho perso mio padre nel '48, subito dopo la guerra. So, però, che collezionava oggetti antichi. Forse li avrà trovati a Ercolano, dove ha vissuto per cinque anni, prima ancora di sposarsi. Oppure li avrà a sua volta ereditati da suo padre.»

«Comunque,» aggiunge Alessia per tranquillizzarlo «sono ritrovamenti fatti tutti prima del '38, quando la 1089 non era ancora in vigore.»

Il giovane Carloni non fa alcun commento. Prende con due pinze il papiro e lo pone su un foglio di gommapiuma.

«Come prima cosa, bisogna restituirgli l'umidità che ha perso.»

Spalma un pezzetto del papiro con un liquido lattiginoso che preleva da una bottiglietta. Poi si mette ad aspettare che il liquido asciughi. In pratica, non fa assolutamente nulla: guarda il papiro e non parla. Sono io il primo a rompere il silenzio.

«Cosa c'è in quella bottiglietta?»

«Una soluzione di acido acetico e di gelatina. Duecento grammi di acido acetico e quindici di gelatina. Il resto è acqua. La soluzione ridà elasticità al reperto e ne impedisce la polverizzazione. Bisogna, però, andarci piano con l'acido acetico. Se il papiro è molto poroso, l'acido acetico attraversa lo strato e cancella il *recto*, e allora conviene aumentare la percentuale di gelatina. Questo qui non mi sembra molto poroso: con la soluzione 50/15 dovremmo stare tranquilli. Una volta, nel Settecento, i papiri venivano svolti con una macchina, quella del Piaggio, ma erano più quelli che si rompevano di quelli che si riuscivano a salvare. Oggi, invece, siamo molto più prudenti. In particolare con i carbonizzati, preferiamo decidere noi che cosa vogliamo rompere e fino a che punto. Lo trattiamo come se fosse una cipolla: lo sfogliamo foglia dopo foglia. Così facendo, riusciamo a salvare almeno il novanta per cento del materiale.»

Prende uno stiletto, simile a quelli che usano i dentisti per le carie, e stacca un pezzo di papiro largo cinque centimetri per due, per poi poggiarlo su un foglio di gommapiuma.

«A volte, quelle che ci fregano sono le pieghe» precisa il giovanotto, prendendo una spatoletta e usandola per schiacciare, una alla volta, tutte le pieghine che trova. Poi aggiunge: «Bisogna procedere con molta cautela. Queste sono fibre delicate: possono sbriciolarsi da un momento all'altro».

Alessia lo segue rapita.

«Hai visto?» mi dice, ma in pratica è come se mi avesse detto: «Lui sì che è una persona di cultura, altro che voi dello spettacolo!». Io, a ogni modo, non faccio alcun commento.

«Da quanto ne posso capire, così su due piedi,» sentenzia il giovanotto, dopo aver posizionato il primo brandello sotto il microscopio elettronico, «ci sono buone speranze di cavarne fuori qualcosa.»

Alessia lo guarda con amore.

«Enrico, mi raccomando,» gli sussurra, prendendogli una mano tra le sue, «noi ci teniamo moltissimo.»

«Voi chi?»

«Io e l'ingegnere. Lui è un grande appassionato di archeologia. A casa sua ha una raccolta imponente di classici latini e greci. Io ci sono stata tutto un pomeriggio e ho avuto modo di rendermene conto.»

Il professor Carloni prende atto che Alessia è stata tutto un pomeriggio a casa mia e la cosa non gli fa per nulla piacere.

Quel giorno non riusciamo a sapere altro. Pare che la decifrazione di un papiro richieda tempi lunghissimi. Solo dopo un mese il giovane Carloni si fa vivo. Il papiro è stato sezionato e ricomposto per intero. La prima frase che riusciamo a leggere dice testualmente: *Si tu vales, bene est; ego valeo.*

«E che vuol dire?» chiedo al professore.

«"Se tu stai bene, è bene. Anch'io sto bene." È la formula classica con cui i romani iniziavano le loro lettere.»[1]

La vera sorpresa arriva quando, una volta ricomposti i pri-

---

[1] In effetti tutte le lettere di quel periodo avevano questo inizio. A volte i romani si limitavano a mettere le sole iniziali: S-T-V-B-E-E-V. A lungo andare, però, la formuletta annoia, e allora noi in questo libro abbiamo deciso di eliminarla.

mi tre papiri, veniamo a scoprire che si tratta di lettere, e precisamente delle lettere che Lucilio ha inviato a Seneca nel primo secolo dopo Cristo. Finora si conoscevano solo le famose *Lettere a Lucilio*, quelle scritte da Seneca. Oggi, grazie ai miei scavi abusivi, abbiamo anche le risposte.

Sulla paura

Caro Lucilio,

di certo ricorderai la soddisfazione che hai provato il giorno in cui deponesti l'abito di fanciullo per indossare quello da uomo. Ebbene, aspèttati una gioia ancor più grande il giorno in cui deporrai l'abito da uomo per indossare quello di filosofo. Nella vita non tutti ci riescono: alcuni passano direttamente dalla puerizia alla senilità, senza mai raggiungere la maturità. Acquistano i difetti della vecchiaia, pur conservando tutti i limiti dell'infanzia.

I ragazzi in genere si spaventano per cose da poco, gli anziani per le gravi sventure che potrebbero colpirli, e gli stupidi per le prime e per le seconde. Prendiamo per esempio il concetto di brevità della vita. Chi se ne rende davvero conto? A me sembra fin troppo evidente che la morte non esiste: quando tu vivi lei non c'è, e quando lei arriva tu te ne sei già andato. Ma non basta: nessun male può spaventare quando è irrevocabile e quando non puoi far nulla per evitarlo. La morte, d'altronde, ha questo di buono: che ci viene incontro, senza, però, camminarci a fianco, ragione per cui noi l'abbandoniamo nel momento stesso in cui lei ci ha raggiunto. Gli uomini, invece, vivono fra il timore della morte e i tormenti della vita, il che equivale a dire che non hanno né il coraggio di vivere né quello di morire. Pensano solo a prolungare di qualche misero istante la propria esistenza, costi quel che costi, e per un risultato, in verità, così modesto, si rovinano gli ultimi anni di vita. Temono i potenti e

29

non pensano che chiunque, anche il più insignificante degli uomini, può decidere la loro data fatale. Un fanciullo e un eunuco decisero quella di Pompeo, i Parti quella di Crasso, Caligola ordinò a Lepido di porgere il collo al tribuno Destro e lui stesso, a sua volta, fu costretto a porgerlo a Cherea. Nessuno riuscì mai a salire così in alto da porsi al riparo da qualsiasi pericolo. Chiunque, infatti, sia disposto a rischiare la propria vita, diventa automaticamente padrone della tua. Perfino uno schiavo può porre fine ai tuoi giorni, se lui per primo non ha paura di morire. E allora che fare? Meglio non preoccuparsi.

Per concludere, eccoti la massima di oggi, rubata come al solito nel giardino di un altro, ovvero in quello di Epicuro: «Chi va d'accordo con la povertà è ricco». Addio

tuo Lucio Anneo
(Sen-4)

Caro Lucio Anneo,

nella tua ultima lettera hai toccato un brutto argomento, la morte, e a tale proposito ti confesso che sono sempre stato un vigliacco: ho perfino paura di nominarla. Mentre da giovane ero convinto di essere immortale (in buona fede s'intende), oggi so benissimo fino a che punto la mia esistenza è precaria. D'altronde, anche se riuscissi a dimenticarla, ci sarebbe sempre qualcuno che me la farebbe ricordare. Non passa mese, infatti, che un collega, o un conoscente, o un passante, non mi faccia sapere che uno dei nostri vecchi amici di Pompei è morto e che un altro sta lì lì per valicare la soglia fatale. Insomma, è così grande in me il rifiuto della morte, che quando incontro Ulpio Marciano, il più grande impresario di pompe funebri che c'è in Sicilia, cambio subito strada, se non altro per non doverlo salutare. È stupido, lo so, non accettare le regole della natura, eppure, che vuoi che ti dica, spero sempre che qualche grande ingegno, uno di questi giorni, inventi il segreto dell'immortalità.

Vivere in compagnia della paura della morte non conviene, è come morire ogni giorno, e posso dartene subito un esempio: tutti e due, nella vita, abbiamo conosciuto quattro imperatori:

Tiberio, Caligola, Claudio e Nerone. Ora io ti chiedo: chi di questi quattro è stato il più infelice? La risposta è fin troppo facile: Tiberio. E perché? Perché era quello che più degli altri aveva paura di morire. Tiberio andò a vivere a Capri solo perché a Roma temeva di essere avvelenato da un parente o da un amico. Io, all'epoca, ero ancora un ragazzino e finii col lavorare al suo servizio. Visse in un palazzo costruito in cima a una montagna e ricordo che nessuno di noi lo poteva avvicinare. Un giorno un pescatore si arrampicò fin dove lui stava riposando e gli offrì un'aragosta. Ebbene, Tiberio prima gli fece strofinare sul viso l'aragosta ancora viva, e poi lo fece frustare a sangue dalle guardie, e questo solo perché gli si era avvicinato a meno di tre metri.

Tiberio, per comandare, concordò con il prefetto del pretorio Seiano e con il prefetto Calpurnio Pisone un sistema di segnalazioni che gli consentiva di sapere tutto quello che accadeva a Roma, e di prendere poi, caso per caso, gli opportuni provvedimenti. Il sistema non era del tutto nuovo: era stato inventato da Enea all'epoca della guerra di Troia, e in seguito perfezionato da Cleosseno e Democlito. Tiberio, comunque, lo adottò come strumento di lavoro per governare l'impero a distanza. Dal monte più alto di Capri impartiva le sue direttive a un'altra altura situata di fronte, sulla penisola sorrentina, e da questa, grazie a una serie di fuochi, distanti poche miglia gli uni dagli altri, riusciva a trasmettere gli ordini a Roma. Scriveva i messaggi sulle tavolette di cera per poi consegnarle agli addetti ai segnali: io ero tra questi. «Fac lucem» mi diceva, e io immediatamente correvo alla stazione per dare inizio alle segnalazioni. Tutto questo, solo per evitare anche il minimo rischio di attentato.

Ora, mi chiedo: a che serve essere l'imperatore del più grande impero del mondo se poi si è costretti a vivere nel terrore? Vuoi vedere che è meglio essere povero e alla fine morire tra le braccia di un amico che ti vuole bene? Addio

tuo Lucilio

Le paure di Alessia

«Insomma,» esclama ridendo Alessia «a sentire Lucilio, Tiberio sarebbe stato l'inventore del fax...»

«E delle microspie.»

«In che senso?»

«Un giorno cominciò a sospettare di uno dei suoi aiutanti, un certo Sabino. Per incastrarlo, nascose tre nani nell'intercapedine tra il soffitto e il tetto della sua abitazione. Dopodiché, nel giro di un paio di giorni, scoprì che stavano tramando una congiura ai suoi danni. Ovviamente mandò tutti a morte: Sabino e chiunque fosse stato a casa sua in quegli ultimi giorni. Insomma, per una volta, la sua mania di persecuzione gli aveva salvato la vita. Lui, in pratica, vedeva nemici dappertutto, e in questo Lucilio ha perfettamente ragione: l'esistenza di Tiberio era un inferno.»

«Ma tu hai paura di qualcosa?» mi chiede Alessia.

«Del dolore più che della morte. Sono molto apprensivo per la salute mia e dei miei cari. Per il resto non so che cosa voglia dire la paura. Comunque, secondo una recente scoperta, pare che nel prossimo secolo nessuno di noi avrà più paura.»

«In che senso?»

«Te lo dico subito» rispondo. «Da quanto ho capito, in America hanno scoperto che la paura altro non è che la reazione nervosa di una zona del cervello, a forma di mandorla, chiamata *amigdala*. A questo punto, come esistono le pillole per il mal di testa, così ci saranno quelle per la paura. Che so io? Tu sei costretta a dormire in una casa dove ci sono i fantasmi? Non c'è problema: ti prendi una pillola e passa la paura!»

«E se uno ha paura, non dei fantasmi, ma di cose più terra terra? Come, ad esempio, di restare senza lavoro? Te lo chiedo perché questo sarebbe il mio caso. Io, tanto per dirne una, mi vorrei sposare, ma anche essere indipendente, cosa che solo un lavoro serio e duraturo mi può garantire.»

«Non ne capisco il motivo: Enrico stravede per te. Non ti farebbe mancare mai nulla.»

«Nulla, fino a quando mi amerà. Però: fai conto che un giorno finisca l'amore...»

«... ti trovi un altro papirologo e ricominci tutto da capo.»

Sulla folla

Caro **L**ucilio,

tu mi chiedi cosa evitare nella vita e io ti rispondo con una sola parola: la folla. Ti confesso, infatti, questa mia debolezza: quando mi mischio alla folla, finisco sempre per esserne contagiato. Sono come una persona che è stata a lungo malata e che, uscendo di casa, si ammala di nuovo. Alla mia anima nuoce il contatto fisico con le masse. C'è sempre un uomo o una donna che, prima o poi, mi trasmette qualche suo vizio orrendo. E più persone incontro, maggiore è il rischio che corro.

Non parliamo poi degli spettacoli che piacciono alla folla: ti rendono quasi sempre più meschino, più lascivo, più ambizioso e più disumano. Capitai una volta verso l'ora settima[1] al Colosseo e, data l'ora, pensai che tra uno scontro e l'altro di gladiatori avrei potuto assistere a qualche scenetta comica. Niente di più errato: vidi solo dei combattimenti al confronto dei quali le lotte viste in precedenza erano delle esibizioni di bontà. Detto in termini crudi, fui costretto ad assistere a dei veri e propri omicidi. C'erano alcuni criminali che, privi di scudi e di corazze, si uccidevano a vicenda solo per compiacere la ferocia della folla. Come dire che al mattino gli uomini venivano dati in pasto alle belve, e al pomeriggio in pasto agli spet-

---

[1] Verso le tredici.

tatori. Ora qualcuno potrebbe farmi notare che si trattava pur sempre di criminali, e su questo potrei anche essere d'accordo, ma cosa ho fatto io di male (intendo dire: io spettatore) per meritarmi un simile spettacolo?

È necessario sottrarre le anime semplici a scene del genere, se non vogliamo che i puri, per imitazione, siano contagiati dai gusti della maggioranza. Perfino Socrate, Catone e Lelio, se sottoposti in continuazione a spettacoli altamente immorali, finirebbero col perdere la loro dirittura morale.

Segui allora, o mio Lucilio, i gusti dei pochi, e diffida di quelli dei molti. In proposito ti ricorderò tre massime illuminanti.

La prima è di Democrito: «Per me una sola persona vale più di un intero popolo».

La seconda è di Epicuro: «Ciò che scrivo lo dedico a te, amico mio adorato, e non alla folla, dal momento che ognuno di noi vale per l'altro quanto un intero teatro».

E l'ultima di un tale di cui ora non ricordo il nome: «Mi basta essere capito da poche persone, anzi da una sola, anzi da nessuna». Addio

tuo Lucio Anneo
(Sen-7)

Caro Lucio Anneo,

la tua ultima lettera mi è stata di grande conforto. Era da un po' di tempo, infatti, che la mia dissonanza dai gusti delle masse mi creava dei complessi. Come mai, mi chiedevo, quello che piace alla maggioranza non trova in me un analogo riscontro? Vuoi vedere che sono diventato anch'io come quei patrizi dall'aria eternamente disgustata, che si annoiano di tutto? Ora, invece, grazie alle tue riflessioni, ho capito come stanno le cose: io non faccio parte della folla. E per meglio rendermene conto, ho pensato bene di condurre una piccola indagine tra le persone del mio quartiere. Sono sceso per strada e ho chiesto ai passanti quali fossero gli spettacoli da loro più graditi, e quali gli oratori più ascoltati. Ebbene, non ci crederai, ma ne è venu-

ta fuori una specie di graduatoria, dalla quale emergono i gusti della maggioranza.

Devi sapere, o mio caro Lucio Anneo, che, dove abito io, si tengono quotidianamente spettacoli di varietà con artisti di ogni genere. Trattasi quasi sempre di gente di circo, di gladiatori e di comici locali. Purtroppo, però, nessuno di costoro incontra mai il mio favore. Ho chiesto allora alle persone fermate di spiegarmi i motivi delle loro scelte, e queste, stringendosi nelle spalle, mi hanno dato una risposta a dir poco stupefacente. Mi hanno detto testualmente: «A noi piacciono gli artisti che piacciono a tutti, perché piacciono a tutti».

Anch'io, come te, penso che a lungo andare questo modo di pensare potrebbe nuocere allo Stato. Non bisogna abbassare la qualità degli spettacoli per venire incontro alle masse, semmai dovrebbero essere le masse a fare un piccolo sforzo per allinearsi al gusto dei migliori. In caso contrario, qualcuno potrebbe approfittare del loro cattivo gusto per proporre ogni volta il peggio, magari solo per accaparrarsi il consenso dei più.

A questo punto, felice di appartenere ai pochi, ti porgo il mio addio

tuo Lucilio

Seneca
e il Festival di Sanremo

«Sembra proprio che stiano parlando dell'Auditel» commenta Alessia, non appena ha finito di leggere le due lettere. «Evidentemente, anche a quei tempi era importante avere il consenso delle masse, fatta eccezione, però, per gli intellettuali che non hanno mai nascosto il loro ribrezzo per i gusti della plebe.»

«Seneca,» rispondo io «il Festival di Sanremo non lo avrebbe mai visto, nemmeno sotto tortura. Lui schifava tutto quello che piaceva alle masse. Illuminante, comunque, la risposta tautologica data da quel romano a Lucilio: "A noi piacciono gli artisti che piacciono a tutti, perché piacciono a tutti". Il che equivale a dire che il Festival non viene visto perché piace, ma solo perché è un dovere vederlo. Come vedi, il mondo si è evoluto solo in apparenza: in pratica nella tecnologia. Per il resto, invece, è rimasto uguale a duemila anni fa. Abbiamo inventato l'automobile, l'aeroplano, la televisione e il telefonino, ma quando si parla di arte ci dividiamo sempre in due razze diverse: quelli a cui piace Mahler, e quelli a cui piace *Papaveri e papere*.»

«A Enrico piace Mahler.»

«D'accordo» continuo io, sorvolando sui gusti di Enrico. «Ma hai notato che i gusti divergono solo quando si parla d'arte, mentre in quasi tutti gli altri campi coincidono?»

«Non ho capito: fammi qualche esempio.»

«Un piatto di maccheroni con le vongole, una bella ragazza, un bambino di due anni, un panorama, un cane affettuoso, piacciono a tutti. Come dire che esistono due tipi di piaceri: quelli elementari e quelli elitari. I piaceri elementari, come il piatto di maccheroni o il cane affettuoso, non attirano l'attenzione sulla persona che ha espresso il giudizio ma solo sull'oggetto del piacere, laddove un bel quadro, un libro di Joyce, o una sinfonia di Mahler, ci danno delle informazioni in più su chi li apprezza. Ci dicono: "Quello è uno che legge Joyce", "Quello è uno a cui piace Mahler". E ti pare poco?! Ora, qual è il massimo desiderio di ogni essere umano?

Potersi distinguere, se nòn altro per non essere confuso con la massa. Non a caso oggi la parola "nazional-popolare" viene considerata un'offesa dagli intellettuali di sinistra. Nasce in tal modo una contraddizione politica, prima ancora che estetica: si vota a sinistra e nel medesimo tempo si disprezzano le masse.»

Sulla solitudine

Caro Lucilio,

dopo le considerazioni fatte sulla pericolosità della folla, ci siamo entrambi convinti che è conveniente evitare i molti, forse i pochi, a volte perfino noi stessi. D'altra parte, non conosco nessun uomo con il quale augurarti una lunga relazione. Dal che puoi dedurre quale concetto ho della tua persona. Ti stimo al punto da affidarti a te stesso.

Si racconta che un giorno Cratete, discepolo di quello Stilbone di cui altre volte ti ho parlato, avendo visto un giovanotto borbottare da solo, gli abbia chiesto con chi diamine stesse parlando, e che lui, bruscamente, gli abbia risposto: «Parlo con me stesso». Al che Cratete lo avrebbe subito messo in guardia dalle cattive compagnie.

Ebbene, è nostra abitudine non lasciare mai soli coloro che sono in preda al dolore. Ci comportiamo così perché temiamo che, una volta abbandonati a se stessi, costoro possano compiere un gesto inconsulto. Malgrado ciò, io non sarei molto preoccupato, in verità, a saperti solo in un momento di sconforto. E sempre a tale proposito, ricordo certi tuoi scritti, così profondi e così pieni di saggezza, che non sono più riuscito a dimenticarli. «Sono parole», pensai un giorno leggendoti, «che non vengono dalle labbra, ma dal profondo dell'animo.» Ringrazia allora gli Dei, o mio Lucilio, per come ti hanno generato, e resta solo, come e quando ti pare.

*Per concludere, come è mia abitudine, eccoti un piccolo do-
no, una massima che ho trovato in Atenodoro: «Sappi che sarai libero dalle passioni solo il giorno in cui avrai il coraggio
di chiedere agli Dei tutti quei favori che non ti vergogneresti di
chiedere in presenza di un folto pubblico». Molti uomini, invece, si inginocchiano nei templi per chiedere le cose più tur-
pi, salvo poi tacere all'improvviso quando sentono qualcuno
avvicinarsi alle spalle. Il precetto da seguire, quindi, dovrebbe
essere il seguente: «Vivi con gli uomini come se gli Dei ti ve-
dessero. Parla con gli Dei come se gli uomini ti ascoltassero».
Addio*

tuo Lucio Anneo
(Sen-10)

Caro Lucio Anneo,

*ti ringrazio con tutto il cuore per le cose belle che hai scritto su
di me, anche se tremo al pensiero di non essere all'altezza della
tua stima. Ti confesso, infatti, che, pur avendo sostenuto la
bellezza del vivere in solitudine, una cosa è ipotizzare la superiorità del saggio che non ha paura a stare solo, e un'altra comportarsi da saggio e affrontare davvero la solitudine. Non dico
che, una volta confinato in una stanza buia, mi affretterei a
porre fine ai miei giorni: avrei, però, senz'altro dei problemi a
vivere da solo, e a lungo, in un'isola deserta.*

*C'è una Dea poco conosciuta, la Distrazione, che viene spes-
so a trovarmi nel corso della vita. Essa inganna il mio tempo
con mille astuzie e me lo rende più corto: entra in azione quando gioco a carte con un amico, quando m'intrattengo con
un'etera, o quando vado ad assistere a uno spettacolo di gladiatori. Si mantiene alla larga, invece, ogni qualvolta mi sor-
prende in una stanza senza nessuno con cui scambiare due
chiacchiere. Solo pochi eletti, come Socrate, Pittaco o Aristode-
mo, tanto per fare dei nomi, sarebbero in grado di resistere nella più assoluta solitudine. Gli uomini normali invece, quelli
come me e te ad esempio, hanno sempre bisogno di un altro essere umano con cui dividere le gioie e i dolori.*

Ho molto riflettuto su quanto è capitato al mio amico Eufronio Festo. Lui, purtroppo, è stato accusato di furto, pur essendo del tutto innocente, ed è rimasto in carcere per tredici mesi di seguito, finché, per una fortuita combinazione, la refurtiva non è stata rinvenuta in casa del vero ladro. Ebbene, credimi: io, al posto di Eufronio, in quegli interminabili tredici mesi, avrei confessato qualsiasi delitto, anche di aver pugnalato Cesare, pur di non restare solo in una cella buia e sotterranea. Come vedi, mio caro Lucio Anneo, stai parlando con un piccolo uomo, del tutto normale, molto forte quando si tratta di consigliare gli altri, molto debole quando le sventure lo colpiscono in prima persona. Addio

tuo Lucilio

Il fai da te
della papirologia

Il terzo papiro ci dà qualche problema, nel senso che il nostro esperto di fiducia, nonché fidanzato della signorina Alessia, il professor Carloni, comincia a fare troppe domande.

«Ma tutti questi papiri dove stavano fino a oggi? E poi, quanti altri ce ne sono? Li avete mostrati a chi di dovere? Per esempio, ne avete informato la Sovrintendenza per i Beni Artistici e Storici? E la dottoressa Rizzo che dice?»

Alessia risponde sempre con estrema sicurezza. Gli dice che tutto è sotto controllo, che la dottoressa Rizzo è stata informata, e che di papiri da svolgere non ce ne sono più. Ho così modo di constatare che è una mentitrice nata, e che, in particolare, quando parla con il fidanzato, è capace di fargli credere qualsiasi cosa. Comunque, non si può tirare la corda più di tanto. Ci rendiamo conto, insomma, che non possiamo continuare a portargli papiri come se niente fosse. Prima o poi, dovremo dirgli degli scavi, e io di lui non mi fido. D'altra parte, abbiamo anche imparato le tecniche di svolgimento, e siamo riusciti a procurarci il liquido per elasticizzare i papiri: una mattina in cui a Enrico ne è rimasto pochissimo, Alessia si offre spontaneamente di andarlo a comprare. E così finiamo con lo scoprire una botteguccia nei pressi di Campo dei Fiori che ha l'acido acetico e anche le palline di colla per produrre la gelatina. Dobbiamo solo procurarci una piccola bilancia per pesare le giuste quantità, un microscopio per leggere i caratteri latini, e le spatoline per staccare i frammenti di papiro. Il giorno dopo, a casa mia, è già in funzione un vero e proprio gabinetto di papirologia. Per Alessia è diventato una specie di secondo lavoro.

«Ieri Enrico,» comunico ad Alessia «quando ci siamo salutati, mi ha guardato storto. Non vorrei che avesse capito qualcosa.»

«Stai tranquillo,» mi risponde lei «a Enrico dei papiri non

gliene frega niente. L'unica sua preoccupazione sono io. Mi conosce e sa quanto sono volubile.»

«Sì, ma io spero che almeno su questo punto tu l'abbia tranquillizzato.»

«E come faccio, se non sono tranquilla io? Per il momento, questo nostro piccolo segreto mi affascina. Poi si vedrà.»

Sulla normalità

Caro Lucilio,

mi dicono che, tralasciando ogni altra preoccupazione, tu stai diventando ogni giorno più distaccato dalle umane cose, e di questo non posso che rallegrarmi. Ti prego, però, di non essere troppo stravagante nel vestire, come in genere fanno quelli che aspirano non tanto a progredire sulla strada della saggezza, quanto a farsi notare dal volgo. Evita quindi gli abiti stracciati, la barba incolta, i capelli lunghi, i giacigli di fortuna sulla nuda terra e tutti quegli atteggiamenti, volutamente trasandati, di chi persegue non il distacco dai beni materiali, ma la meraviglia del prossimo. Vivere «con filosofia» è già di per sé una disciplina ostica, e non si capisce perché dovremmo caricarla ulteriormente di significati antisociali. Insomma, se proprio desideriamo differenziarci, cerchiamo di farlo all'interno del nostro animo, e non all'esterno del corpo, dove dovremmo essere, semmai, il più possibile uguali agli altri.

La filosofia, partendo dal buon senso, promette socievolezza e cordialità umana, doti queste che possono essere facilmente raggiunte, a patto che si evitino quelle prese di posizione stravaganti che alcuni finti intellettuali adottano, più per meravigliare chi li sta osservando che non per raccogliere stima e consenso. In altre parole, noi desideriamo vivere secondo natura e la natura, guarda caso, ci suggerisce di essere generosi con noi stessi, e quindi di non torturare il corpo, di lavarlo con cura, e di sosten-

tarlo con cibi sani e nutrienti. La filosofia esige frugalità, e la frugalità può esistere solo se accompagnata dal decoro.

A questo punto, tu potresti obiettare: «Ma, diventando in tutto e per tutto simile agli altri, come faranno poi gli altri ad accorgersi di me?». E io ti risponderei che riusciranno a farlo, almeno i più attenti di loro, se saranno capaci di guardarti dentro. Entrando in casa tua, ammireranno più te, in quanto essere umano, che non le tue ricche suppellettili. Addio

tuo Lucio Anneo
(Sen-5)

Caro Lucio Anneo,

mi parli di intellettuali che si acconciano in modo assurdo e io non posso che darti ragione. È davvero strano, infatti, come alcuni uomini di pensiero, per manifestare la loro diversità, invece di puntare sulle doti morali, preferiscano concentrarsi sulla singolarità dell'abbigliamento. Evidentemente non si fidano delle qualità che hanno nell'animo e desiderano che, anche da lontano, si possa capire che loro non sono uguali agli altri, che appartengono a una razza superiore, o quanto meno a una categoria diversa. Io li chiamo «capelloni», anche perché, oltre agli abiti stracciati e alla barba incolta, hanno quasi sempre i capelli lunghi. Ho notato, però, che poi, con l'età, alcuni di loro tornano nei ranghi, con i capelli corti e senza stracci. Tutto ciò m'induce a riflettere sui concetti di gioventù e di vecchiaia, di ordine e di disordine, e sul perché siano entrambi necessari al progresso del genere umano.

Essere giovani vuol dire amare il disordine. Essere anziani, invece, optare per l'ordine. Né potremmo pensarla diversamente, dal momento che l'uomo anziano detiene il potere e quello giovane desidera conquistarlo. Il che, poi, alla fin fine, equivale a dire che il disordine esiste solo in quanto ha davanti a sé un ordine da abbattere. Ma non basta: sotto questi due aspetti, apparentemente contrari, si celano altri significati ben più importanti ai fini del vivere quotidiano. Il disordine è sintomo di creatività laddove l'ordine è indispensabile al mantenimento.

Senza il disordine non ci sarebbe progresso, e senza l'ordine non sarebbe possibile metterlo a disposizione dei posteri. Ordine e Disordine, quindi, sono due gemelli, seppure di carattere diverso, che si giustificano a vicenda. Eraclito, il grande Eraclito, lo aveva intuito molti secoli or sono: sono gli opposti a generare la vita, laddove gli uguali non possono che decretare l'immobilità e, in ultima analisi, la morte. A questo punto, non mi resta che dirti, ordinatamente, addio

tuo Lucilio

Il colpo di fulmine

La lettera di Lucilio sull'ordine e il disordine piace molto ad Alessia. Subito dopo averla letta, mi confessa di sentirsi in qualche modo attratta dal disordine, anche se, al riguardo, prova uno strano senso di colpa.

«Il mio Enrico è l'ordine fatto persona. Anche quando si lascia andare lo fa sempre con metodo. Eppure è giovane: ha solo otto anni più di me.»

«Probabilmente è ordinato di nascita. Chiariamo, però, un concetto: essere ordinati non è un difetto, anzi è un pregio. Se lo scopo di una relazione vuole essere il matrimonio, meglio mettersi con un *partner* ordinato che con uno disordinato. È statisticamente provato, infatti, che la convivenza col disordinato non va mai oltre i quattro anni.»

«D'accordo, però non sarebbe male se anche gli ordinati avessero di tanto in tanto qualche sprazzo di follia. C'è, invece, chi mantiene la calma in qualsiasi situazione: Enrico, ad esempio, ogni volta che sta per darmi un bacio, mi dice sempre: "Tesoro, come sei carina stasera".»

«E dov'è il problema?»

«... che quando lo dice, io so già che sta per darmi un bacio. Vorrei, invece, che lo facesse senza avvisarmi, e quando meno me lo aspetto, magari anche con un briciolo di violenza. L'anno scorso, a una festa, conobbi un ragazzo che, a sentire lui, si era innamorato di me solo guardandomi. "Ma come puoi esserti innamorato in meno di mezz'ora?" gli chiesi, e lui, serio serio, mi rispose: "È sempre così quando ci s'innamora: tutto accade in una frazione di secondo, ed è per questo che si chiama colpo di fulmine. Adesso, però, non perdiamo altro tempo: andiamo all'aeroporto e partiamo per Parigi. Le cose che ci servono, tipo spazzolino e dentifricio, le compreremo durante il viaggio".»

«E tu che hai fatto? Sei partita?»

«Io? Si vede che non mi conosci. E poi io voglio bene a Enrico.»

«Sì, però ti ricordi anche di quell'altro. A proposito, come si chiama?»

«Aldino, e ha gli occhi azzurri.»

Sui battiti del cuore

Caro Lucilio,

è davvero poco sensibile colui che ha bisogno di rivedere un luogo per ricordarsi di un amico. Tuttavia può accadere che certi luoghi, o certi particolari, riescano a far riemergere emozioni che si credevano dimenticate per sempre, e che invece si erano solo rincantucciate in un angolino dell'animo. Sono immagini, sia chiaro, che non ridanno la vita a un sentimento, se estinto, ma che sono in grado di ridestarlo dal sonno in cui era finito. Così accade che la vista di uno schiavo caro a un parente defunto, o di un particolare vestito, o di un oggetto, possa rinnovare un dolore, seppure mitigato dal tempo; oppure che un luogo, dove un giorno si è stati felici insieme, possa ridestare il desiderio di riabbracciare un amico. Tanto per dartene un esempio, la vista di Napoli e della tua Pompei hanno riacceso in me la voglia di starti vicino e mi hanno fatto rivivere il momento del distacco, quando tu, nel salutarmi, a stento trattenevi le lacrime. Mi è parso, in altre parole, di averti lasciato solo poco fa. E questa sensazione mi ha fatto riflettere sul significato dell'espressione «poco fa». Mi sono chiesto: «Che cosa è accaduto poco fa?», e ho scoperto che «poco fa» ero giovane, che frequentavo le lezioni di filosofia dell'esimio Sozione, che ho iniziato la mia carriera di avvocato e che poi ho smesso di occuparmi di cause. Insomma, per farla breve, più penso al passato e più mi rendo conto che tutta la mia vita è accaduta «po-

co fa». Ho capito, ad esempio, che il tempo fugge a velocità enorme e che l'unico modo per rendersene conto è quello di voltarsi indietro a guardare. Noi, invece, distratti dal presente, non ci accorgiamo di come passa il tempo, anche perché il suo passare è fin troppo silenzioso.

Durante un assedio tutti mi prenderebbero per pazzo se, mentre i vecchi e le donne ammassano pietre per rinforzare le mura, e i giovani si armano per essere pronti a una sortita, e i dardi nemici si conficcano nelle porte vibrando, io me ne stessi tranquillo e beato a rimuginare problemi di nessuna importanza. Analogamente, dovresti considerarmi pazzo se mi vedessi impegnato in inutili fatiche, alla spasmodica ricerca del potere, mentre vengo assediato dal tempo. Dammi allora un consiglio per farmi vivere più a lungo. Insegnami come si fa ad allungare il tempo. Addio

tuo Lucio Anneo
(Sen-49)

Caro Lucio Anneo,

le tue lettere, pur essendo preziose per gli argomenti trattati, hanno tutte una caratteristica comune: quella di gettarmi nel più nero sconforto. So benissimo che la vita passa troppo in fretta, ciò non toglie però che, fino a quando mi è stato possibile, l'ho vissuta intensamente, minuto dopo minuto, assaporandola come un esperto di vini che sia stato invitato da un gruppo di coltivatori a emettere un giudizio su un vino novello. Forse, potendola rivivere una seconda volta, rallenterei ancora di più i suoi battiti per impedirle di scappare.

Per quanto riguarda, invece, le perdite di tempo, penso che tu abbia ragione: il tempo è davvero il bene più prezioso che abbiamo e non possiamo farcelo scippare dal primo venuto. Giorni fa si festeggiava il compleanno del banchiere Pomponio Sabino: compiva novant'anni. Io, nel fargli gli auguri, gli ho chiesto quanti sesterzi sarebbe stato disposto a pagare per tornare ai suoi venti, e lui, con la massima serietà, mi ha risposto: «Tutto il denaro che ho per tornare a ottantanove!».

Purtroppo, però, non è possibile tornare indietro, seppure di un solo giorno. Non ci resta, allora, che evitare gli sprechi. A tale proposito, eccoti un breve elenco delle più frequenti perdite di tempo a cui siamo soggetti:

1) *i giochi con i dadi*
2) *la conquista del potere*
3) *gli spettacoli con le belve*
4) *il sesso separato dall'amore.*

L'unico modo che conosco, invece, per raddoppiare il tempo, potrebbe essere quello di partecipare alle gioie e ai dolori di un amico, in modo da vivere contemporaneamente la sua vita e la mia. Addio

tuo Lucilio

Il «poco fa» di Alessia

Manco a dirlo, anche Alessia ha un passato, magari diverso da quelli di Seneca e di Lucilio, pur restando un passato di tutto rispetto. È lei stessa a raccontarmi degli anni del liceo e dell'immancabile primo amore che le aveva scombussolato la vita.

«Si chiamava Gennarino ed era figlio di un ferroviere. Facemmo amicizia grazie a un compito di matematica. Io, in algebra, andavo uno schifo, lui invece era il migliore di tutto il liceo. Un giorno che c'era compito in classe, ero in gravi difficoltà e lui se ne accorse. Quando si alzò per consegnare, mi gettò un foglietto con la soluzione. Al che io, all'uscita, lo volli ringraziare. "Ma figurati," rispose lui, "per così poco!" Quindi mi portò in motorino fino a Villa Borghese, e fu lì che mi diede il primo bacio. Adesso ho l'impressione che tutto questo sia accaduto solo ieri, anzi "poco fa", come dice Seneca, laddove, invece, sono passati ben otto anni.»

«Certo che sei proprio vecchia. Pensa, invece, a quando ne avrai cinquanta e non ti ricorderai più di me e della mia cantina. Forse dovremmo inventarci qualcosa di memorabile per fissare meglio i ricordi. Purtroppo, però, non ti posso portare né a Villa Borghese né in motorino: innanzitutto perché non ho il motorino, e poi perché non ho più l'età per fare certe cose.»

«In che senso, "memorabile"?»

«Il tempo ha bisogno di essere registrato dai fatti, così come tu registri i reperti che trovi nei Fori Imperiali, altrimenti lui ti scivola addosso senza farsene accorgere. Se quel giorno il tuo Gennarino non ti avesse lanciato il foglietto con il compito di matematica, e non ti avesse dato il primo bacio, oggi tu te lo saresti bello e dimenticato. Non sono le lancette dell'orologio a segnare il tempo che passa, ma i battiti del cuore.»

«Noi, comunque, abbiamo in comune il segreto degli scavi, e non credo che me li dimenticherò tanto facilmente. L'altra notte ho perfino sognato che ci arrestavano.»

Mi rendo conto che ad Alessia gli scavi abusivi piacciono

molto di più di quelli autorizzati. Ormai è mia complice. La 1089 ci aspetta al varco.

«Però è vero» prosegue Alessia «che alcune cose si ricordano di più e altre di meno. Forse hai ragione tu a dire che sono i battiti del cuore a segnalarci quelle che poi non dimenticheremo.»

«È così: il tempo psichico non ha niente a che vedere con quello fisico. Dicono i cinesi: "Un'ora vive la gialla farfalla, e tempo ha che le basta". I dolori, in genere, si ricordano più dei piaceri. Non per questo, però, dobbiamo augurarceli.»

«Secondo Enrico, solo la sofferenza può farci crescere. Ma lui, lo sai, ha un carattere stoico, come Seneca del resto, e in quanto stoico crede nella positività del dolore.»

«Alessia mia, a essere sincero io, poi, non sono così sicuro che Seneca fosse davvero uno stoico. Non so se te ne sei accorta, ma lui, quasi in ogni lettera, tira in ballo Epicuro. Vuoi vedere, mi chiedo, che era stoico solo a chiacchiere, e che poi nei fatti si comportava da vero "porco del gregge di Epicuro"? Di certo, comunque, era un gran figlio di buona donna!»

Sul tempo

Caro Lucilio,

segui il mio consiglio, diventa padrone del tuo tempo e tienilo da conto: è la cosa più preziosa che hai. Convinciti che le cose stanno così come io te le racconto: alcune ore ci vengono sottratte da occupazioni necessarie, quali il lavarsi, il mangiare e il dormire; altre, invece, le spendiamo per fare del male (e sono quelle di cui più ci dovremmo vergognare); e altre ancora per non fare assolutamente niente (e che poi, a conti fatti, finiscono per essere la maggioranza). Nessuno che si accorga che si muore giorno dopo giorno, minuto dopo minuto, e che la vita si consuma come la polvere della clessidra che scivola in silenzio verso il basso.

Il nostro errore maggiore sta nel credere che la morte sia una cosa che ancora deve venire, laddove essa, la maledetta, in gran parte è già avvenuta, e sta alle nostre spalle. Ogni ora che passa esce dalla tua cassaforte e va a far parte del dominio della morte. Fa' tesoro allora, o mio Lucilio, del tempo che ti resta. Sarai meno schiavo del futuro e diventerai più padrone del presente. Tutto, in pratica, appartiene agli altri, a eccezione del tempo che è un bene soltanto tuo. Lo hai avuto in dono dalla natura e non lo puoi regalare al primo venuto. Quante volte invece, ammettilo, lo hai gettato via solo per procurarti il superfluo?

A questo punto ti chiederai come mi comporti io nella vita, io che sto qui a dare consigli anche a chi non me ne chiede. Ebbene, ti risponderò con la massima sincerità: il mio caso è quello di un uomo che cerca di spendere il proprio tempo in modo generoso, senza strafare. È stupido, infatti, accumulare ricchezze per un futuro che non esiste. D'altra parte, come dicono i nostri vecchi, o almeno quelli di loro che si ritengono più saggi? «È inutile conservare il vino in fondo al vaso quando si è arrivati alla feccia.» Addio

tuo Lucio Anneo
(Sen-1)

Caro Lucio Anneo,

l'esempio che mi fai del vino e della feccia non mi convince. Quando avevo venti anni ero di certo più sano, più bello e più forte di adesso, ma non per questo ero più felice: correvo dietro alle giovani ancelle e non mi fermavo mai a pensare. Oggi, invece, grazie agli Dei, e soprattutto all'età, se provo un'emozione, la vivo in modo molto più intenso, al punto da commuovermi per un nonnulla. Ieri ero un vegetale, quasi un levisticum,[1] del tutto privo di coscienza, oggi sono un uomo nel vero senso della parola, e rifletto sulle cose che mi capitano. Se vedo un bel tramonto mi fermo ad ammirarlo, se incontro un conoscente sono felice di intrattenermi con lui, se vado a teatro, il giorno dopo ne parlo con gli amici per commentare con loro il punto di vista dell'autore.

A questo punto poniamoci la domanda: «È meglio essere giovani e sani, e non capire niente della vita, o vecchi e malati, e apprezzare anche i minimi piaceri che ci possono ancora capitare?». Probabilmente la risposta giusta è quella d'insegnare ai giovani a riconoscere i momenti magici quando sono ancora in tempo. Non è per l'appunto questo il compito della filosofia? Ah, se, quando ero giovane, un compagno invisibile mi avesse sussurrato in un orecchio: «Attento a te, o Lucilio: questo che stai vivendo è un momento magico!». Addio

tuo Lucilio

[1] Un sedano di monte.

I momenti magici

«E tu te li ricordi i tuoi momenti magici?» mi chiede Alessia, appena letta la risposta di Lucilio. «A che cosa erano legati, al lavoro o all'amore?»

«Ho paura di non averne mai avuti di momenti magici, fatta eccezione per le gare vinte quando facevo atletica leggera. In amore, poi, manco a parlarne: se sono riuscito a mettere insieme qualche momento magico, l'avrò fatto senza accorgermene.»

«In che senso?»

«Nel senso» rispondo «che quando lo vivevo non mi sembrava affatto magico, poi... col tempo... ripensandoci... Il fatto è che per capire a fondo certe cose bisogna avere un'età. Da ragazzi non ce la facciamo. Poi, una volta superati i cinquanta, finiamo col dirci a vicenda: "Ma ti ricordi di quella volta quando io ti dissi... e di quella quando tu... Ma come eravamo felici!".»

«Quindi pure tu, come Lucilio, avresti voluto un suggeritore invisibile? Io, invece, ho sempre sbagliato in senso opposto: ho sempre avuto l'impressione di vivere dei momenti magici, salvo poi accorgermi che non erano magici manco per niente, e che quel ragazzo meraviglioso tutto era, tranne che meraviglioso.»

«Stai parlando di Enrico?»

«No, per l'amor di Dio: Enrico è un'anima santa. Vale molto di più di quanto non prometta a prima vista. Io parlo di tutte le esperienze che ho avuto tra i sedici e i ventuno. Di tutti quelli che il primo giorno sembravano "l'uomo della mia vita", e che nei giorni successivi si rivelavano per quello che erano: dei poveracci in cerca di sesso.»

«A sentirti, pare che chissà quale vita dissoluta tu abbia vissuto. Adesso, però, se non sbaglio, sei diventata più attenta.»

«Puoi dirlo forte: adesso non mi fregano più.»

«Chissà, magari eri più felice prima! Resta, comunque, la domanda numero uno: "Meglio vivere una vita senza delusioni, o una con illusioni e delusioni?". Seneca, se l'ho ben capito, voterebbe per la prima. Lucilio per la seconda.»

Sulla vanità

Caro Lucilio,

tu adesso pensi che io ti voglia raccontare di come è stato da noi l'inverno, se mite o spietato, e se la primavera ha mantenuto le sue promesse o si è dimostrata una gran bugiarda. Io, invece, ti parlerò di cose meno vicine, ma molto più utili. Ti parlerò dei princìpi che sono alla base della nostra esistenza, ovvero di come non finire schiavo delle passioni e, soprattutto, di come non cadere vittima della vanità. Ho parlato di «base», ma avrei dovuto parlare di «vertice», dal momento che resistere alla vanitas equivale a raggiungere il vertice di ogni saggezza.

Mentre colui che si propone di arrivare a un traguardo è giustamente preoccupato, anche quando il traguardo non è irraggiungibile, tu impara a godere delle cose che già possiedi e scoprirai che non hai più nulla da desiderare. Lo so: tu adesso stai pensando che io, con questa mia affermazione, voglia mortificare la tua esigenza di crescere, laddove il mio vero obiettivo è solo quello di convincerti che le gioie più ambite sono già in tuo possesso. Non hai che da fermarti e godertele.

Credimi, o Lucilio, la vera gioia non ride e non scherza: è austera. Non è possibile, come dicono alcuni, che si riescano ad affrontare certi temi, quali la morte, la povertà, l'ingiustizia e il dolore, con il sorriso sulle labbra. Quella non sarebbe allegria, sarebbe incoscienza. E a tale proposito vorrei che tu riflettessi sui concetti che ti ho appena esposto. Ricordati che i me-

talli di scarso valore si trovano quasi sempre in superficie, laddove quelli più pregiati si nascondono nelle viscere della terra.

Ora, amico mio carissimo, ti scongiuro, fa' la sola cosa che ti resta da fare: disprezza i beni materiali che ti arrivano dall'esterno e mira ai tesori che sono già all'interno dell'animo tuo. Renditi conto che sei tu la parte migliore di te. Per essere felici, infatti, basta perseguire gli obiettivi di sempre, senza per questo farsi condizionare dagli eventi. Quelli che si conformano via via alle mode passeggere sono come i detriti che galleggiano sui fiumi: vanno dove li porta la corrente, e non sono mai loro a decidere la rotta. Addio

tuo Lucio Anneo
(Sen-23)

Caro Lucio Anneo,

nella tua ultima lettera mi hai messo in guardia dai tranelli della vanità, e io di questo ti ringrazio. Ho avuto modo, infatti, di riflettere sulla vanità e di chiedermi in che cosa consista questa malattia e, soprattutto, in che cosa differisca da tutti gli altri mali che ci affliggono. Ebbene, la risposta è stata immediata: la vanità non è naturale. Desiderare oltre misura il denaro, una donna o il potere, pur essendo riprovevole dal punto di vista morale, è pur sempre una debolezza umana: rientra bene o male nei bisogni primari. Alla base di ognuno di questi desideri, infatti, c'è la paura di non avere abbastanza da mangiare, di non poter soddisfare la propria sessualità o di dover dormire all'aperto. La vanitas, invece, non ha alcuna giustificazione: è solo un vizio stupido e inutile, ed è anche sintomo di miseria mentale.

Quando Paride, nel suo famoso giudizio, fu invitato a scegliere tra Giunone, Minerva e Venere, assegnò la mela d'oro a quest'ultima. Preferì, in altre parole, l'Eros al Potere e alla Sapienza. Se, però, insieme alle tre Dee ci fosse stato anche Narciso, io sono sicuro che non avrebbe avuto alcun dubbio: avrebbe scelto quest'ultimo. Se ci pensi bene, infatti, il Potere, la Bellezza e la Sapienza altro non sono che mezzi per potersi issare su un piedistallo che sta più in alto e per essere meglio riconosciuti dalle masse. Ove mai un giorno costruissero un palcoscenico dove potersi mostrare contemporaneamente a tutti i mortali, credimi, o Lucilio, che non esisterebbe attrattiva maggiore per un uomo che quella di montarci sopra per farsi vedere.

Anni fa, quando ancora abitavo a Roma, accompagnavo spesso l'argentiere Cassio Paullinio alle Terme di Agrippa. Abitavamo entrambi sull'Appia, a parecchie miglia dalla città, e il percorrere insieme quel lungo tratto di strada ci rendeva il viaggio meno faticoso. Ogni volta, però, mi chiedevo perché il buon Cassio affrontasse un viaggio così lungo quando poi lui, a casa sua, aveva già tutto quello che gli serviva, comprese le acque termali, due *tonsores* di eccezionale bravura, e un massaggiatore di gran lunga più abile di quello che lavorava alle Terme. Poi, un bel giorno, scoprii quale era il suo vero obiettivo: Cassio Paullinio andava a Roma per farsi salutare dai passanti. Il fatto che lo riconoscessero lo rendeva euforico. Evidentemente dubitava della propria esistenza e il saluto di un estraneo lo rassicurava.

Si racconta che a Efeso, molti secoli or sono, un vecchietto di nome Erostrato un giorno si sia detto: «Ho compiuto ottant'anni e non ho mai fatto nulla di rimarchevole. Morirò e nessuno si ricorderà più di me. È urgente, allora, che mi dia da fare». Dopodiché incendiò il tempio più prestigioso della città, quello di Atena. Quindi si piazzò davanti all'edificio in fiamme e si mise a urlare con quanto fiato aveva in gola: «Cittadini di Efeso: sono stato io a incendiare il tempio! Mi chiamo Erostrato. Ricordatelo anche ai vostri figli: E-ro-stra-to». Al che gli arconti lo fecero portar via dalle guardie, pur senza sbatterlo in galera. Multarono, invece, chiunque ne pronunciasse il nome. Alla fine, comunque, la spuntò lui, l'esibizionista, tant'è vero che proprio io, in questo momento, lo sto nominando. Ebbene, ancora oggi molti dei nostri amici hanno il complesso di Erostrato: smaniano per farsi ricordare, sia pure per ragioni infamanti. Addio

tuo Lucilio

Il "Costanzo Show"

Il caso dell'argentiere Cassio Paullinio, che si recava alle Terme solo per essere riconosciuto, suscita un vivace scambio di idee tra me e Alessia.

«Piuttosto che riconosciuto, io penso che l'uomo desideri essere notato» è il commento di Alessia. «Non a caso segue la moda. Il suo vero obiettivo non è quello di farsi chiamare per nome, bensì quello di far colpo sui passanti.»

«Questo, forse,» obieto io «potrebbe essere valido per le donne, non certo per gli uomini. Le donne hanno sempre puntato sulla bellezza e, purtroppo per loro, ne hanno pagato le conseguenze. Per una donna, infatti, è prioritario il giudizio estetico. Per un uomo, invece, è più importante il riconoscimento del ruolo. "Quello è il banchiere Tizio, quello è l'attore Caio, quello è Sempronio, il leader del partito X." Lucilio, al riguardo, non ha dubbi: per lui, Cassio Paullinio non era sicuro di esistere, e solo il saluto di un estraneo era in grado di rassicurarlo. Come a dire: "Se mi salutano, vuol dire che m'identificano, e se m'identificano, vuol dire che esisto". La tesi, comunque, non è nuova: è stata lungamente trattata dal filosofo giapponese Fukuyama, e prima di lui dal grande Hegel. Freud sosteneva che è l'Eros a muovere il mondo. Adler il Potere, ed Hegel il Riconoscimento. Resta il fatto che la peggiore offesa che si può recare a una persona è quella di non riconoscerla, in particolare se si tratta di una persona famosa. Ed è per evitare figure del genere che gli americani impongono a tutti i dipendenti di un'azienda di portare sul bavero della giacca una targhetta con il proprio nome e cognome. Gli imperatori romani, invece, avevano sempre accanto uno o più *nomenclatores*, che si premuravano di chiamare per nome tutti quelli che si avvicinavano.»

«E l'episodio di Erostrato? Anche quello fa riflettere.»

«In particolare oggi, dal momento che esiste la Televisione. Se Erostrato avesse incendiato un tempio in questo secolo, di sicuro sarebbe finito nel telegiornale della sera, così come è successo al balordo che ha danneggiato la fontana del Bernini. Mi sembra giusta, comunque, la decisione degli arconti di Efeso: non il mitomane va punito, ma solo quelli che ne parlano. Indulgenza, quindi, per i vari Cavalli Pazzi esibizionisti, e massimo rigore nei confronti dei direttori dei telegiornali che ne raccontano le gesta.»

«E il "Maurizio Costanzo Show"?»

«È la massima aspirazione degli italiani. Il giorno in cui Maurizio Costanzo decidesse di mettere all'asta i posti dei suoi ospiti, destinando i relativi introiti all'erario, non ci sarebbero più problemi economici per il nostro paese. Non c'è auto fuoriserie, laurea *ad honorem*, donna supersexy o pranzo raffinato, che regga il confronto con il palcoscenico del Parioli. Sentirsi dire il giorno dopo: "Ieri sera l'ho vista in tv" è il più alto riconoscimento ottenibile oggi in Italia, pari, forse, al solo premio Nobel.»

«Eeeh... al premio Nobel?!»

«Sì, prima che lo prendesse Dario Fo.»

Sul piacere

Caro Lucilio,

la tua ultima lettera mi ha procurato un grande piacere, e dal momento che ho usato la parola «piacere», consentimi di precisare a quale piacere intendo riferirmi. Per gli stoici, come tu ben sai, il piacere è un vizio; per gli epicurei, invece, è una gioia dell'animo. Noi siamo soliti provare piacere per l'elezione a console di una persona amica, o per la nascita di un figlio, o per il matrimonio tra due conoscenti. Non per questo, però, ci sentiamo in colpa per aver gioito. Se ne deduce, allora, che esistono due tipi di piaceri: quelli sani e quelli volgari. Ebbene, perché tu lo sappia, quello che ho provato per te, leggendo la tua ultima lettera, è stato per l'appunto un piacere sano.

Passando ora ad altro argomento, t'informo che sto leggendo Sestio, un filosofo dall'ingegno acuto. Eccoti, in sintesi, quello che più mi ha colpito nei suoi testi: un esercito, dice Sestio, marcia compatto allorché è disposto a quadrato. Da qualsiasi parte il nemico lo attacchi, troverà sempre una linea di soldati pronta a ricacciarlo indietro. La medesima cosa deve fare il saggio: che l'attacco gli venga portato di fronte, o alle spalle, o da destra, o da sinistra, o dal basso o dall'alto, lui dovrà reagire sempre con la stessa determinazione. Non indietreggerà mai, né esiterà mai a rispondere, qualunque sia il tipo di aggressione, sia un dolore fisico, un lutto in famiglia, o un'improvvisa mancanza di denaro.

Quand'è, invece, che corriamo i maggiori rischi? Quando ci accorgiamo di essere troppo soddisfatti di noi stessi. Basta, infatti, che qualcuno ci fermi per strada per lusingarci, magari definendoci buoni, virtuosi e onesti, che noi subito siamo disposti a credergli. E mentre siamo molto bravi a rintuzzare gli insulti, non lo siamo altrettanto quando qualcuno ci copre di lodi. Vorrei darti, allora, un indizio per poter capire se puoi considerarti già da adesso un filosofo, o se hai ancora qualcosa da imparare. Il filosofo è praticamente imperturbabile: non piange e non ride, vive come gli Dei, e non si lascia trascinare dalle alterne fortune. Ciò detto, osserva con attenzione te stesso: se il tuo umore non cambia nel tempo, qualunque cosa accada, sappi allora che hai raggiunto il massimo livello di felicità che ti è stato concesso. Se, invece, per sopravvivere, hai bisogno di correre dietro a tutti i piaceri, vuol dire che sei ancora lontano dalla meta che ti sei prefissa. C'è chi cerca consolazione nella ricchezza, chi nella lussuria, chi nei banchetti, o nel potere, e chi nel farsi seguire da uno stuolo di adulatori sempre plaudenti. Tutte queste cose, però, sono solo false gioie, che non durano mai a lungo. L'unica vera gioia, credimi o Lucilio, è quella che resiste al tempo e, guarda caso, è anche quella che pratica il saggio. Addio

tuo Lucio Anneo
(Sen-59)

Caro Lucio Anneo,

detto con sincerità, non credo che il ridere sia sempre un atteggiamento da condannare: a volte si riesce a infondere più coraggio con una battuta, che non con quei discorsi seriosi che di solito ci ammanniscono i nostri politici. Non so se ti ricordi del console Sulpicio Vetulo: era un pezzo d'uomo che rideva in continuazione, anche nei momenti difficili. Ebbene un giorno, in Britannia, durante una battaglia, le nostre legioni furono accerchiate da truppe nemiche sovrastanti, e il buon Sulpicio, mantenendo il suo proverbiale buonumore, riuscì a tenere alto il morale dei suoi uomini. Così, alla fine, vincemmo noi.

Per quanto riguarda, invece, l'imperturbabilità, temo proprio di non essere all'altezza delle tue aspettative. Evidentemente non sono ancora quel saggio che tu vorresti io sia. E infatti cambio d'umore da un momento all'altro. Ieri, ad esempio, ho trascorso una pessima giornata, a causa del raccolto di olive che quest'anno è stato di gran lunga inferiore a quello degli anni scorsi. D'altra parte un raccolto misero è un guaio serio, e non per me, che ho di che vivere, ma per tutti i miei contadini, persone semplici e del tutto prive di cultura. Devi sapere, infatti, che la gente di queste campagne quando non ha l'olio per i baratti trascorre un pessimo inverno. Ora, amico mio carissimo, mentre si può esigere da un filosofo una certa indifferenza per le umane sventure, non la si può pretendere dai braccianti, che tutto sanno fare a questo mondo tranne che i filosofi. Ieri, infatti, erano proprio avviliti: avevano le lacrime agli occhi, e se ne stavano fermi davanti ai cesti semivuoti, mentre con le mani carezzavano le teste dei loro bambini. Mi guardavano muti, con gli occhi umidi, sempre sperando che il loro padrone potesse compiere un improvviso miracolo. Ora tu, giustamente, sostieni che il vero saggio non ride mai, eppure credimi: avrei fatto qualunque cosa pur di riuscire a farli ridere. Addio

tuo Lucilio

Siamo nati per soffrire

Alessia dà una rapida scorsa alla lettera dei falsi piaceri e alla relativa risposta di Lucilio, dopodiché, un pochino preoccupata, mi dice: «Seneca sostiene che il saggio non ride e non piange mai. Io, invece, rido e piango fin troppo spesso. Ho pianto addirittura vedendo *La carica dei 101*. Vuoi vedere che ha ragione Enrico?».

«In che senso?»

«Che sono troppo emotiva. Lui dice che rido per delle stupidaggini.»

«Quello del ridere è sempre stato un problema. Anassagora consigliava Pericle di non esagerare mai nel bere, altrimenti, gli diceva, prima o poi ti scapperà da ridere e a quel punto nessuno avrà più paura di te. "Ricordati di quello che ti dico," sentenziava "per conservare il potere bisogna essere seri!" E ancor oggi quelli che ridono, o che fanno ridere, vengono considerati persone di serie B. Piaccia o non piaccia, l'attore tragico è sempre più valutato di quello comico, eppure Dio solo sa quanto sia difficile far ridere. A far piangere, invece, sono buoni tutti, o quasi tutti. Ebbene, perché tu lo sappia, io amo solo quelli che mi fanno ridere, mentre ho paura delle persone troppo serie. Gli Hitler, gli Stalin e i Mussolini, tanto per fare i primi nomi che mi vengono in mente, non ridevano mai.»

«D'accordo,» ammette Alessia «però come si fa a ridere quando ogni giorno accadono fatti così tremendi? Basta aprire il giornale, a una pagina qualsiasi, per farsi passare ogni voglia di scherzare.»

«Tutto dipende dal carattere. Per gli stoici ridere è immorale, proprio come dice Seneca nella sua lettera, e per i cristiani è addirittura un peccato. Non a caso il "siamo nati per soffrire" lo hanno inventato loro. D'altra parte, quand'è che uno si rivolge a Dio? Quando gli succede una disgrazia, e questo aumenta in proporzione il potere di chi fa da intermediario.»

«Vuoi dire del prete?»

«Della Chiesa in genere.»

«Ma Enrico non è un prete, eppure non ride mai.»

«E tu hai provato a fargli vedere un film di Totò?»

«Sì, ma non ride lo stesso. Proprio ieri sera, alla televisione, hanno dato *Totò, Peppino e la malafemmina*. Ebbene, credimi, non ha riso mai: nemmeno quando Totò ha dettato la lettera a Peppino.»

«Beh, questo è grave.»

«Ha, però, tante altre qualità. È molto buono. Per esempio, il sabato e la domenica va sempre negli ospedali a fare del volontariato.»

«Evidentemente è attratto dalle disgrazie: come ne vede una, non resiste alla tentazione di fare a metà con il disgraziato. Credimi: se tu un giorno volessi essere amata un pochino di più, basterebbe che gli dicessi che soffri di un male incurabile.»

«Sì, però che palle!»

Sul suicidio

Caro Lucilio,

dopo tanto tempo sono tornato a Pompei e ho ripercorso col pensiero gli anni della nostra giovinezza. Ebbene, credimi: mi sembrava che tutto fosse accaduto solo pochi giorni fa. La triste verità, invece, è che avevo alle spalle un'intera vita, e davanti solo il termine estremo, quello che gli uomini, nella loro sconfinata demenza, si ostinano a considerare uno scoglio, laddove è soltanto un porto. Se un uomo lo raggiunge quando è ancora giovane non deve lagnarsi, così come non si lagna il navigante che ha compiuto la sua traversata in un tempo breve. C'è chi viene portato alla meta da un vento veloce, e chi, al contrario, si macera in un'insopportabile bonaccia. C'è chi naviga tra fulmini e tempeste, e chi consuma la propria esistenza nella noia più assoluta. La vita non sempre merita di essere vissuta e, come tu ben sai, è piacevole non tanto il vivere a lungo, quanto il vivere bene.

Ciò detto, il saggio vivrà tutta la vita che gli sembrerà opportuno vivere, e non già quella che dura più a lungo. Se si vedrà colpito da una disgrazia insopportabile, si procurerà da solo la morte, e non lo farà a ogni minima disgrazia, ma valuterà di volta in volta, e di ora in ora, se gli conviene farlo e perché. L'importante per lui non sarà tanto il morire tardi, quanto il morire bene. Non appena si accorgerà che la fortuna ha cominciato a voltargli le spalle, rifletterà se non sia il caso di por-

73

re fine ai suoi giorni. Penso con raccapriccio a quel tale Tele-sforo che, orrendamente mutilato da un tiranno, una volta rin-chiuso in una gabbia, a chi gli consigliava di rifiutare il cibo per affrettare la fine, rispondeva: «Non lo farò giammai: finché c'è vita, c'è speranza».

Esistono pur tuttavia dei casi in cui il rimandare l'ultimo istante potrebbe avere una sua giustificazione. Socrate, ad esempio, restò in catene per trenta giorni prima di bere la cicu-ta, e anche lui avrebbe potuto accorciare di molto l'attesa se solo avesse rifiutato il cibo. Eppure non lo fece, un po' per ub-bidire alle Leggi di Atene, e un po' perché negli ultimi giorni ri-tenne che poteva ancora essere utile ai suoi allievi. Resta il fat-to, però, che, tra una morte senza sofferenze, e una tra mille tormenti, non capisco perché scegliere quest'ultima. Se è vero che bisogna rendere conto agli altri di come si vive, è altrettan-to vero che bisogna rendere conto solo a se stessi di come si muore.

Troverai dei filosofi che ti negheranno questo diritto. Ebbe-ne, o Lucilio, ricordati di quello che ti dico: costoro sbagliano. Non si capisce, infatti, perché sottoporsi alla crudeltà di una malattia, quando è così facile evitarla. Ti piace la vita? Vivila! Non ti piace? Torna là donde sei venuto! Addio

tuo Lucio Anneo
(Sen-70)

Caro Lucio Anneo,

la tua ultima lettera mi ha talmente persuaso che stavo per porre fine ai miei giorni. Mi sono detto: «Ho superato di molti anni quella che è considerata la vita media di un uomo, e di si-curo ne ho vissuto la parte migliore: perché, allora, non chiu-dere in bellezza? Guardandomi alle spalle non posso che essere grato agli Dei per come mi hanno trattato. Sono sempre stato in ottima salute, ho avuto una moglie adorabile e due figli di cui posso andare orgoglioso, ho trovato un lavoro, quello di procuratore in Sicilia, per il quale vengo onorato e riverito. Che cosa posso chiedere di più alla vita?». Sennonché subito dopo è subentrata la paura, o forse la vigliaccheria, oppure il tentativo di scippare agli Dei qualche altro giorno di felicità, e allora ho deciso di rimandare il gesto estremo.

Tu, comunque, non esorti l'uomo che sta bene in salute a farla finita, ma solo quello che si dibatte tra insopportabili sofferenze. E su questo anch'io sono d'accordo. C'era una volta ad Atene un filosofo, un certo Egesia, sostenitore di una pratica detta euthanasia, *o buona morte, che fermava i passanti per strada, e, dopo averli presi sottobraccio, li convinceva a uno a uno, con molta pazienza, a suicidarsi. «Ascolta fratello,» diceva «tu sai con sicurezza che devi morire, quello che non sai è che tipo di morte ti aspetta: magari il Fato ti ha riservato una morte lenta e crudele, magari resterai paralizzato, oppure sepolto sotto le macerie di una casa. Accetta allora il consiglio di uno che ha visto molti uomini spirare tra infiniti tormenti: suicìdati oggi stesso! Un attimo, e ti togli il pensiero! Ho con me un veleno che non solo non perdona, ma costa pochissimo.» E così dicendo, ogni mese riusciva a convincere tre o quattro ateniesi. Lo chiamavano* peisithànatos, *ovvero «il persuasore di morte».*

Il problema, piuttosto, è un altro: finché ci ragioniamo su a freddo, non possiamo che essere d'accordo con Egesia; quando però giunge il momento fatale, in un angolino dell'animo nostro c'è sempre la speranza di vincere il male che ci ha colpiti. Ed è con questa speranza che ti auguro, o mio carissimo amico, una lunga vita e una morte improvvisa. Addio

tuo Lucilio

A che ora
conviene suicidarsi

«Hai mai pensato di suicidarti?» mi chiede Alessia a brucia-pelo.

«No, mai,» rispondo «però mi rendo conto che ci possano essere casi in cui l'eutanasia è l'unica via dignitosa per dire addio a questa valle di lacrime.»

«Ieri sera ne ho parlato con Enrico, e lui mi ha convinto che la vita è sacra e che solo Dio può decidere il giorno della fine. Pare che anche Plotino fosse di questa opinione.»

«Mi spiace per Enrico, e pure per Plotino, ma non sono per niente d'accordo. Tra un Dio misericordioso e un Dio tor-turatore, preferisco di gran lunga il primo. Non dico che bi-sognerebbe ricorrere all'eutanasia ogni qualvolta uno ha un raffreddore, come diceva Egesia, ma che si pratichi l'accani-mento terapeutico nemmeno mi sta bene. Eppure non hai idea di quanti malati terminali siano tenuti in vita con la re-spirazione artificiale, solo perché non c'è uno straccio di me-dico che abbia il coraggio di staccare la spina.»

«Ma la vita è sacra.»

«E nemmeno questo è vero: è sacro il dolore, non la vita.»

«Secondo me, tu non sei un buon cristiano.»

«Invece penso proprio di esserlo. Mi chiedo, piuttosto, a che ora convenga suicidarsi.»

«In che senso: a che ora?»

«Vedi, Alessia mia, per un personaggio pubblico avere il ti-tolo in prima pagina è fondamentale, specialmente quando si presume che possa essere l'ultima occasione per averlo. Ora, supponi che io mi suicidi di notte, che i giornali del mattino non facciano in tempo a passare la notizia, e che, qualche ora dopo che sono morto, sparino al Papa: addio prima pagina.»

«E allora?»

«E allora un Vip è obbligato a spararsi nel tardo pomerig-gio: diciamo verso le diciotto. Non troppo più tardi, però, per non perdersi il TG1 della sera. L'ideale sarebbe impugnare la rivoltella con la destra, e con la sinistra telefonare all'ANSA. Così sentirebbero anche lo sparo.»

Sull'arte di nascondersi
e sul silenzio

Caro Lucilio,

spesso, quando torno da una gita in lettiga, sono ancora più stanco che se avessi viaggiato a piedi. Evidentemente stare seduto per molto tempo non va d'accordo con la natura, che mi ha fornito le gambe per camminare. Malgrado la stanchezza, però, ieri mattina ho sentito il bisogno di prolungare la gita di qualche miglio, e così ho avuto modo di ammirare la bellezza dei luoghi che stavo attraversando. In particolare, sono rimasto colpito da quel tratto di strada che da Cuma porta alla villa di Vazia: era incantevole! Aveva sulla destra il mare e sulla sinistra il lago.

Servilio Vazia, perché tu lo sappia, fu un ricco magistrato, famoso per aver condotto una vita molto appartata. Quando a Roma qualcuno cadeva in disgrazia, o per essere stato troppo nemico di Seiano, o per essergli stato troppo amico (il che era ugualmente pericoloso), la gente era solita esclamare: «O Vazia, Vazia, solo tu sai come si vive!». In realtà il brav'uomo non conosceva affatto l'arte del vivere, ma solo quella del restare nascosto. Attenti, quindi, a non confondere la tranquillità con l'inerzia. Chi fugge gli uomini perché non ha saputo realizzare le sue aspirazioni, o chi si apparta con la scusa che ha conosciuto solo sconfitte, non vive per sé ma per il suo ventre, e tutto questo non lo rende certo più meritevole di elogi.

Non posso descriverti la villa di Vazia, dal momento che ne

conosco solo la facciata; posso dirti, però, che è situata in una
posizione invidiabile, molto vicina a Baia, senza però doverne
pagare lo scotto: e infatti non gli arriva il frastuono della città,
né lui si sente in obbligo di partecipare alla vita sociale. Questo
ti fa capire fino a che punto il buon Vazia si sia impegnato a
difendere la propria quiete. Resta da stabilire, però, se stiamo
parlando di una pigra solitudine o di un ozio creativo. Ci si
può sentire soli vivendo in mezzo alla gente, e in compagnia
pensando agli amici lontani. Di un amico, infatti, possiamo
possedere l'animo, e in tal caso non lo sentiremo mai troppo
lontano. Considerami allora a te vicino, o Lucilio, anche se, in
questo momento, io vivo in Campania e tu in Sicilia. Addio

tuo Lucio Anneo
(Sen-55)

Caro Lucilio,

abito sopra uno stabilimento balneare: da ogni parte mi cir-
conda un chiasso pazzesco. Immagina tutti i rumori della ter-
ra e ne avrai un'idea: il bagnante che si tuffa in piscina, l'at-
taccabrighe che urla, il ladro colto sul fatto, i ragazzi che
giocano a palla, quelli che contano i punti ad alta voce, i
campioni sportivi che sollevano le sfere di piombo, gemendo
o fingendo di gemere, e quelli a cui piace sentire la propria
voce mentre fanno il bagno. Odo perfino i rumori di una co-
mune frizione e distinguo il massaggio fatto con la mano
aperta da quello fatto con la mano concava. Aggiungi a tutto
questo il depilatore che parla in falsetto, i venditori di bibite,
di salsicce e di dolci, i garzoni di bottega, ciascuno con una
propria inflessione di voce, e avrai un'idea approssimativa
delle mie vacanze. Eppure, credimi, o Lucilio, tutto questo
strepitio non mi dà alcun fastidio, così come non mi danno
fastidio le piogge torrenziali e i tuoni. Non mi accorgo neppu-
re del continuo passaggio dei carri, del falegname che pialla,
del fabbro che picchia sull'incudine e del commerciante di
strumenti musicali che prova a qualsiasi ora le sue innume-
revoli trombette. Mi sono a tal punto abituato ai rumori che

potrei ascoltare impunemente anche un capo ciurma che dà il ritmo ai rematori.

La verità è che ho convinto il mio animo a concentrarsi solo su se stesso e a non tener conto dei rumori che provengono dalla strada. D'altra parte, a cosa gioverebbe il silenzio se al mio interno rimbombassero le passioni? Non so se te ne sei accorto, ma la notte, proprio perché c'è più silenzio, le nostre angosce aumentano invece di diminuire. Come te lo spieghi? È pur sempre l'animo quello che alza di più la voce, ed è quindi sull'animo che dobbiamo agire. Molti ottengono questo risultato grazie alla distrazione. I grandi condottieri, quando vedono le truppe in preda al panico per l'imminente battaglia, le distraggono con le esercitazioni. Chi ha qualcosa di pratico da fare non ha tempo per cedere alle passioni. Lo stesso accade alla lussuria: proprio quando credi di averla messa a tacere, lei ci tenta di nuovo, e tanto più urla quanto più l'abbiamo trascurata. La stessa cosa capita alla cupidigia, all'ambizione e a tutte le altre malattie dello spirito. A volte ci sembra di aver raggiunto una relativa tranquillità, quando, all'improvviso, ci accorgiamo di non essere affatto sereni. È indispensabile allora affidarsi alla filosofia: grazie a essa, infatti, riusciremo a resistere. Come Ulisse che, per impedire ai marinai di ascoltare le Sirene, sigillò le loro orecchie con la cera, così anche noi dovremmo abituarci a non sentire i rumori esterni, per meglio sintonizzarci su quelli dell'animo. Addio

tuo Lucio Anneo
(Sen-56)

Caro Lucio Anneo,

ho ricevuto due lettere tue nello stesso giorno: evidentemente sei più veloce tu a scrivere che non il tuo messo a correre dalla Campania alla Sicilia. In entrambe le missive mi parli di tranquillità, e, malgrado tu ti sia dilungato sull'argomento, non ho ancora capito se consideri l'ozio un vizio o una virtù. Nella prima lettera me lo descrivi come una forma di disimpegno ai confini con la pigrizia, nella seconda, invece, come l'unica difesa possibile contro la folla. Ora, perché tu lo sappia, io penso che l'ozio sia la massima qualità dell'essere umano, sempre che per ozio vogliamo intendere un animo sereno che parla a se stesso. Non tutti, però, a quanto pare, sono in grado di praticarlo, e io temo, purtroppo, di essere tra costoro. Vorrei che in Sicilia si aprissero delle scuole d'ozio, così come esistono quelle di grammatica e di retorica. Vorrei che qualcuno m'insegnasse a combattere la noia che mi assale non appena non ho un traguardo immediato da raggiungere. Probabilmente gli Dei hanno progettato il mio animo come una macchina da guerra che, per giustificare la sua esistenza, deve per forza sconfiggere dei nemici, e che quando non ha più nemici da sconfiggere si arrugginisce. Ben vengano quindi i rumori del tuo quartiere: avrai pur sempre qualcuno con cui litigare. Addio

tuo Lucilio

Il silenzio e le discoteche

«Non sono mai stata a Cuma» confessa Alessia. «Tutti mi hanno detto che da quelle parti la costa è bellissima.»

«Da Trentaremi a Pozzuoli è tutto un susseguirsi d'insenature e di promontori, l'uno più bello dell'altro. Purtroppo, però, subito dopo la guerra, i politici napoletani, invece d'investire nel turismo, pensarono bene d'impiantare, proprio lì, a Bagnoli, un'acciaieria, quella dell'Italsider. Per cui, addio turismo. Ne vennero danneggiati persino i Campi Flegrei, che sono una meraviglia da non perdere. Ci sei mai stata?»

«No, mai.»

«Uno di questi giorni, se vuoi, ti ci porto. Immagino, però, che dovrai prima chiedere il permesso a Enrico.»

«Non è detto,» ribatte Alessia, punta sul vivo, «se ci andiamo per lavoro, non vedo dove sia il problema. E poi, sia chiara una cosa: io non chiedo mai permessi a nessuno.»

«E allora diciamo che una studiosa di archeologia non può non aver visto, almeno una volta nella vita, i Campi Flegrei. A proposito, lo sai perché si chiamano "flegrei"? Perché *flegraios* in greco vuol dire "ardente". Fu lì che ebbe inizio la guerra dei Giganti, quella cioè dei ventiquattro energumeni che si ribellarono al volere degli Dei. Non so se conosci questo mito. Qualcuno aveva detto a Era che solo un uomo coperto da una pelle di leone avrebbe potuto sterminarli, e allora Zeus convocò Eracle, che aveva per l'appunto una pelle di leone. Ma fu un'impresa complicatissima, anche perché uno dei Giganti, un certo Alcioneo, anche se lo ammazzavano, non appena toccava il suolo nativo rinasceva di nuovo. Eracle, allora, fu costretto a caricarselo sulle spalle e a portarlo su un altro suolo per poterlo eliminare definitivamente. Il gigante Porfirione, invece, stava lì lì per uccidere Era, quando Eros lo colpì con una delle sue frecce erotiche. Non l'avesse mai fatto: la furia omicida di Porfirione si tramutò in libidine violenta, e il gigante s'improvvisò stupratore, o, per meglio dire, ci provò. Al che Zeus, pazzo di gelosia, supplicò Eracle di strangolarlo prima che gli violentasse la moglie. Alla fine tutti i Giganti furono seppelliti nei Campi Flegrei, e ancor oggi è possibile vedere le loro bocche eruttare fumo e disperazione.»

«Che bello!» esclama Alessia. «Se hanno ispirato storie come queste, devono essere per forza dei luoghi affascinanti!»

«E io te ne ho raccontata solo una. Pare che dal lago di Averno venissero fuori esalazioni mefitiche capaci di uccidere qualsiasi essere vivente nel giro di due chilometri. Erano gli ultimi respiri dei Giganti. Perfino gli uccelli si tenevano alla larga. Non a caso Averno, in latino, vuol dire "privo di uccelli". Mettici, infine, l'antro della Sibilla, e capirai perché gli antichi romani si fossero convinti che proprio lì cominciasse la discesa nel mondo degli Inferi. Allora dimmi: quando partiamo?»

Alessia fa finta di non sentire e cambia discorso.

«Ma è ancora così chiassosa quella zona, come ai tempi di Seneca?»

«Tutto dipende da che cosa intendi tu per chiasso» rispondo io, pensando ai rumori del traffico. «Oggi l'inquinamento acustico ha raggiunto livelli così alti che il buon Seneca, se fosse nato nel ventesimo secolo, si sarebbe suicidato con molti anni di anticipo.»

«Lui nella lettera sulla qualità del silenzio dichiara di essere indifferente a qualsiasi tipo di rumore. Evidentemente non era mai entrato in una discoteca. Hai voglia a concentrarti sui silenzi dell'animo: quando il rumore supera un certo numero di decibel, devi per forza metterti i tappi.»

«E tu ci vai spesso in discoteca?»

«Mai» risponde Alessia. «Enrico non solo evita le discoteche, ma odia anche i piano-bar. Una sola volta riuscii a trascinarlo a un concerto di Paolo Conte, e ce ne dovemmo uscire prima della fine.»

«Insomma, è un ragazzo all'antica.»

«Sì, ma io sono d'accordo con lui. Tra i Rolling Stones e Mozart, preferisco Mozart.»

«E tra Mozart e Paolo Conte?»

«Paolo Conte.»

Sulle sventure

Caro Lucilio,

ti lamenti per qualche avversità, senza renderti conto che il vero male non sta nelle avversità ma nel fatto che tu le consideri tali. Insomma, per dirla con altre parole, sono convinto che l'unica infelicità della vita stia nel credere che esista l'infelicità.

Ti faccio alcuni esempi pratici: sono malato? Fa parte del mio destino. Sono carico di debiti? Prima o poi li pagherò. Mi si ammalano gli schiavi? Debbo avere pazienza. La casa sta per crollare? L'importante è che non sia già crollata. Mi perseguitano le disgrazie? E che sarà mai! Sono cose che capitano, anzi, che «devono» capitare. Non avvengono per caso, come taluni possono credere, ma per volontà degli Dei, e gli Dei, questo lo sanno tutti, sono invidiosi delle nostre gioie. Ciò premesso, eccoti una regola facile per affrontare i casi della vita: qualunque cosa accada, accettala con animo sereno. Se sono eventi positivi, siine contento, sempre, però, con misura. Se, invece, sono negativi, non disperarti più di tanto. In breve tempo ti renderai conto che tutte le cose che provocano i tuoi lamenti sono solo dei piccoli tributi che dovevi versare: quanto prima li avrai pagati, tanto prima te ne sarai liberato.

Piangi per gli acciacchi? Hai dolori alla vescica? Ti si è indebolita la vista? Sono tutti inconvenienti connessi all'età. Non lo sapevi, forse, quando ti auguravi una lunga vita, che saresti andato incontro a questo tipo di acciacchi? Fanno parte della

83

vecchiaia, così come la polvere, il fango e la pioggia fanno parte dei viaggi. «Ma io» obietterai «volevo vivere a lungo e senza malanni.» E cos'è questo, se non il modo di ragionare di una femminuccia? La vita è come il servizio militare: comporta gioie e dolori, vittorie e sconfitte, e con le sconfitte anche le ferite. Chi le evita, scaricandole sulle spalle degli altri, merita tutto il nostro disprezzo. Addio

tuo Lucio Anneo
(Sen-96)

Caro Lucio Anneo,

qui in Sicilia vanno di moda le sponsiones[1] e soprattutto le corse delle bighe. Non solo: tra una corsa e l'altra, pur di provare i brividi della sorte, i siciliani sono soliti giocare alla tabula aleatoria[2] e al lancio dei tali.[3] Ho visto giocatori urlare di gioia per una vincita eccezionale, e altri piangere calde lacrime per le continue sconfitte. Ma anche nei giochi di azzardo viene pretesa una qualche misura. Finché si vince o si perde in modo alterno, non è dignitoso disperarsi, e su questo siamo tutti d'accordo, ma quando la sfortuna si accanisce contro una sola persona, favorendone sfacciatamente un'altra, è giusto, a mio avviso, imprecare ad alta voce. Se tu e io ci mettiamo a giocare a capita aut navia,[4] e tu vinci dieci volte su dieci perché dieci volte esce capita, non devi poi meravigliarti se io, a un certo punto, perdo la pazienza e mi metto a inveire contro di te e contro gli Dei che sono tutti dalla tua parte.

Comunque, ciò che non mi convince nella tua lettera è proprio il pulpito dal quale vengono i consigli. Tu, mio caro Lucio Anneo, hai sempre avuto una fortuna sfacciata. Avrai pure conosciuto le tue brave traversie, ogni volta però, ammettilo, si

---

[1] I giochi d'azzardo.
[2] Il gioco dei dadi.
[3] Ossicini le cui facce sostituivano i numeri dei dadi.
[4] «Testa o nave.» Simile al nostro «testa o croce», utilizzando però una moneta che recava su un lato l'effigie di un dio, sull'altro quello di una nave.

sono risolte tutte a tuo favore. *Messalina convince il divino Claudio a condannarti a morte, e il giorno dopo Agrippina intercede in tuo favore affinché la condanna ti venga tramutata in esilio. Pochi anni più tardi anche l'esilio ti viene condonato, e diventi il precettore dell'imperatore, il tutto compensato da grandi onorificenze e da adeguati emolumenti. Predichi il distacco dal denaro, e nel contempo diventi l'uomo più ricco di Roma. Alcuni anziani senatori ti designano loro erede universale. Ebbene, credimi, in tali condizioni è facile consigliare ai più sfortunati di avere pazienza. Addio*

tuo Lucilio

Seneca Bobbio e Seneca Catalano

«Ancora una volta» dico ad Alessia «Lucilio mi ha tolto le parole di bocca.»

«Che vuoi dire? Che Seneca era fortunato?»

«No, che era ipocrita.»

«Ma vuoi scherzare?» protesta Alessia. «Seneca è stata una delle più alte figure morali del mondo romano! Enrico me ne parla sempre come uno dei maggiori filosofi di quel periodo. E anche Tacito, negli *Annales*, ce lo descrive come un uomo di grande saggezza e di raffinata eloquenza.»

«Sì, ma dice pure che, praticando l'usura, e convincendo i vecchi senatori a nominarlo nei loro testamenti, riuscì a mettere insieme qualcosa come trecento milioni di sesterzi. Leggiti Dione Cassio, o Sifilino, e poi ne parliamo.»

«Io so solo che a un certo punto della vita donò tutto quello che aveva a Nerone...»

«Solo perché aveva avuto sentore che Nerone lo voleva morto, e sperava che così facendo l'imperatore ci ripensasse.»

«E Nerone ci ripensò?»

«Nemmeno per sogno: gli intimò lo stesso di uccidersi. Tacito racconta che Seneca fu costretto a tagliarsi le vene dei polsi e che, accorgendosi che di sangue ne usciva poco o niente, finì col tagliarsi anche quelle delle ginocchia e delle caviglie. Ma neanche in questo modo riuscì a morire. Allora pregò il suo medico di fiducia, un certo Anneo Stazio, peraltro suo parente, di prepararrgli un bicchiere di veleno. Se lo bevve e continuò a non morire, finché i servi, stufi di vederlo agonizzare, intervennero, immergendolo nel bagno a testa in giù.»

«Non puoi negare, però, che le sue lettere contengano alti precetti morali...»

«Non tutte in verità: Seneca per me è un personaggio a metà strada tra Norberto Bobbio e Max Catalano.»

«E chi è Max Catalano?»

«Un mio amico, che alcuni anni fa divenne famoso partecipando a un programma televisivo di Renzo Arbore. Il programma si chiamava *Quelli della notte*. Immagino che ne avrai sentito parlare.»

«No, mai.»

«Comunque, la specialità di Catalano era quella di dire cose ovvie. Se, ad esempio, Riccardo Pazzaglia, il filosofo della trasmissione, poneva il quesito della serata: "Chi siamo, da dove veniamo, e dove andiamo?", lui subito rispondeva: "Io sono Max, tu sei Riccardo e lui è Renzo. Ognuno di noi viene da casa sua, e dopo la trasmissione andiamo tutti a mangiare da Candido".»

«E questo che c'entra con Seneca?»

«C'entra: perché lui a volte dice cose di grande saggezza, come Bobbio per l'appunto, e altre volte ovvietà terribili, come Max Catalano. Solo che Catalano le diceva per contratto, per far ridere gli spettatori, mentre lui le dice sempre con la massima serietà.»

«Ma è più simile a Bobbio o a Catalano?»

«Non lo so, ma di Seneca mi sono fatto un'idea: secondo me era essenzialmente un cortigiano, e come tutti i cortigiani adulava il padrone. Una volta, in un suo libello,[5] paragona Nerone al Sole e lo definisce "il più grande dei poeti viventi".»

«E di Lucilio, invece, che si sa?»

«Poco e niente, tranne che era nato a Pompei, che era più giovane di Seneca di una decina di anni, e che era diventato procuratore in Sicilia grazie a una raccomandazione per l'appunto di Seneca.»

«Tutto qui?»

«Beh, in verità, sappiamo pure che proveniva da una famiglia povera e che da giovane si dilettava a scrivere epigrammi in greco, dai quali, però, a quanto pare, non tirava fuori nemmeno una lira. Prima dei nostri papiri, gli unici scritti che gli sono stati attribuiti sono tre epigrammi. Il primo dice: "Non è tuo ciò che la Fortuna ha reso tuo". Il secondo: "Tutto quello che puoi regalare a un amico gli può essere anche tolto". E il terzo, bellissimo, da fare invidia allo

[5] Seneca, *Apokolokyntosis*.

87

stesso La Palisse: "Nel corso di una vita si muore molte volte, ma l'ultima è davvero l'ultima!".»

«Questa l'ho già sentita» esclama Alessia, tutta felice di poter fare anche lei, una volta tanto, sfoggio di erudizione. «In latino dovrebbe essere: *vulnerant omnes, ultima necat*. Tutte le ore feriscono, ma l'ultima uccide.»

Sugli schiavi

Caro Lucilio,

mi è stato riferito che hai un comportamento molto amichevole con i tuoi schiavi e la cosa non può che rallegrarmi. Trovo che questo tuo atteggiamento sia molto in linea con la saggezza che ti contraddistingue. Se ci pensi bene, infatti, capirai che su questo mondo siamo tutti schiavi: la sorte può fare di noi ciò che vuole, e il peggio è che lo può fare in qualsiasi momento. Io rido di quei padroni che trovano disonorevole pranzare con gli schiavi, e che, mentre loro si abboffano, li costringono a stare in piedi a guardare. Mi dicono che a Roma, presso alcune famiglie patrizie, anche il minimo rumore sia proibito. Perfino i colpi di tosse, gli starnuti e i singhiozzi vengono puniti con un giorno di digiuno, se non addirittura con delle frustate. Poi, magari, quegli stessi nobili li senti sospirare con aria affranta: «Ah, gli schiavi, gli schiavi, quante preoccupazioni ci danno! Avere molti schiavi è come avere molti nemici!», senza rendersi mai conto che sono stati proprio loro, uomini liberi, a renderseli nemici. Ho visto schiavi costretti a detergere gli sputi degli ospiti, altri raccogliere il vomito dei commensali ubriachi, altri ancora fungere da coppieri in vesti femminili, salvo poi, durante la notte, indossare quelle maschili per soddisfare le voglie dei loro padroni.

Ora io non intendo affrontare l'annosa questione se sia morale o immorale avere degli schiavi. Ti porgo, tuttavia, una

89

semplice norma di comportamento che ti potrà essere utile nella vita: tratta i tuoi inferiori così come vorresti che i tuoi superiori trattassero te. Pensa che colui che tu chiami schiavo ha la tua stessa natura: respira come te, vive come te, soffre come te, muore come te e gode del tuo stesso cielo. Comportati bene con lui, e lui, ove mai un giorno le sorti si capovolgessero, si comporterà bene con te. A questo punto tu mi potresti obiettare che non hai più l'età per finire in catene, ma anche questo non è poi tanto sicuro: basta pensare a Ecuba, a Creso, a Dario, a Diogene e allo stesso Platone.

Non cercare gli amici solo nei Fori. Qualcuno potresti trovarlo anche a casa tua. Provaci, e chissà che non scopri in un essere che vedi ogni giorno un uomo che ti vuole davvero bene. Come è stolto chi compra un cavallo senza prima esaminare l'animale, ma badando solo alla sella o alle briglie, così è stolto chi giudica un uomo solo dalla veste che indossa e dalla sua condizione sociale. A chi obietta: «Ma era uno schiavo!», tu rispondigli: «E tu citami qualcuno che non lo sia!». C'è chi lo è di un padrone e chi delle passioni, chi dell'avarizia e chi dell'ambizione, e tutti, dico tutti, della paura di morire. Addio

tuo Lucio Anneo
(Sen-47)

Caro Lucio Anneo,

tra i miei schiavi ce n'è uno di Corinto che si chiama Fillico: lo ereditai da mio padre quand'ero ancora un ragazzino. E anche Fillico a quell'epoca doveva essere molto giovane: avrà avuto sedici anni, o forse anche meno. Ebbene, lo confesso: io non saprei vivere senza il mio schiavo prediletto. Non prendo mai decisioni senza averlo prima consultato. Non viaggio se non me lo vedo accanto, e non vado a coricarmi, la sera, senza averlo quanto meno salutato. Insomma, dipendo a tal punto da quest'uomo che a volte mi chiedo: «È Fillico mio schiavo, o sono io schiavo di Fillico?».

Come giustamente mi fai rilevare, sono tanti quelli che trattano gli schiavi come se fossero «cose». Anzi, a volte li chiamano proprio così, res. *Valga per tutti il mai abbastanza deprecato episodio di Vedio Pollione, che gettò uno schiavo in pasto alle murene solo perché aveva tardato qualche secondo a rispondere. Io spesso ringrazio gli Dei di avermi fatto nascere dalla parte giusta. Eppure, le probabilità di nascere in quella sbagliata nel nostro impero sono altissime. Dall'ultimo censimento pare che il rapporto tra* cives *e schiavi sia addirittura di uno a tre, esclusi, ovviamente, le donne e i bambini: davvero modesto se lo paragoniamo a quello dell'Atene di Pericle, dove, mi si dice, c'erano addirittura sei schiavi per ogni uomo libero. Sono convinto, tuttavia, che prima o poi la schiavitù finirà per sparire da questo mondo. Gli uomini inventeranno degli esseri meccanici che, come le statue di Dedalo di cui parla Aristotele,[1] sostituiranno gli schiavi in ogni tipo di lavoro. Avremo lettighe che cammineranno da sole e falciatrici capaci di mietere il grano senza che ci sia un uomo a maneggiarle. E a tale proposito ricordo che già Polibio,[2] alcuni secoli or sono, raccontava di un certo Demetrio Falereo, che ad Atene, durante le processioni, non si vergognava di farsi precedere da una macchina che si muoveva da sola, e che per camminare sputava saliva. Addio*

tuo Lucilio

[1] Aristotele, *Politica* I, 1254a.
[2] Polibio, *Storie* XII, 1, 1.

La schiava Alessia

«Certo è che vivere da schiavi nel primo secolo dopo Cristo doveva essere un'esperienza tremenda. Si veniva trattati come oggetti.»

«Tutto dipendeva dal padrone che ti capitava» osserva Alessia. «A sentire Seneca, ad esempio, fare la schiava a casa sua non doveva essere poi tanto male.»

«Questo lo dici tu. Io di Seneca non mi sarei mai fidato: lui a parole era l'uomo più buono della terra, nei fatti, invece, doveva essere una delle peggiori carogne che vivevano a Roma. A ogni modo, se a quei tempi t'avessi vista sopra una *catasta*...»

«Sopra che cosa?»

«Sopra una *catasta*. La *catasta* era una specie di girello su cui venivano esposte le schiave. Sotto il palco c'erano quattro schiavi che la facevano ruotare, e sopra si vedevano le schiave in piedi che giravano lentamente.»

«In pratica come a "Macao", il programma televisivo di Boncompagni?»

«Più o meno così,» risposi «solo che le schiave dell'antica Roma erano in vendita, mentre quelle della televisione italiana purtroppo no. Comunque, se ti avessi vista al mercato, sulla *catasta*, ti avrei comprata.»

«E avresti fatto un pessimo affare: ho un carattere tremendo. Me lo dice anche Enrico. Apparentemente è lui che comanda, nella sostanza, invece, sono io quella che decide. Ieri, ad esempio, dovevamo prenotare un albergo per l'estate. Lui voleva per forza andare nel Cilento, a Velia, per visitare non so quale rudere del quinto secolo avanti Cristo. A sentire lui, pare che quello sia il centro del mondo, che lì sia nata la filosofia, e che perfino Cicerone la consigliasse come villeggiatura...»

«Tu, invece?»

«Io mi ero fissata su Capri. Alla fine gli ho detto: "Enrico mio, tu vai pure con Cicerone, che io uno che mi porti a Capri lo trovo lo stesso, e se non lo trovo ci vado da sola".»

«E allora?»

«Abbiamo scelto Capri. Andremo alla pensione Aurora, in via Tragara.»

Sulle tentazioni

Caro Lucilio,

*ti confesso che non approvo affatto i tuoi numerosi viaggi: so-
no convinto che siano tutti indice d'instabilità psichica. Se ti
sentissi davvero in pace con te stesso, non andresti in giro per
il mondo come un'anima in pena. Sappi, inoltre, che quando
esci di casa corri ogni volta il rischio d'imbatterti nelle tentazioni, e non è detto che riuscirai sempre a schivarle. Come chi
è appena uscito da una passione amorosa evita la persona
amata, così chi ha da poco preso le distanze dai falsi piaceri
dovrebbe fare molta attenzione a non cascarci di nuovo. Ricordati, infine, che non esiste un solo vizio che non offra qualche
vantaggio: l'avarizia ti fa balenare innanzi agli occhi il lucci-
chio dei sesterzi, la lussuria i piaceri del sesso, l'ambizione
quelli della porpora e la gola quelli della tavola. Sta a te saperli
rifiutare quando sei ancora in tempo, e cioè prima che loro riescano a conficcarti i denti aguzzi nell'animo. Ma per conquistare un così nobile traguardo dovrai operare una continua vi-
gilanza su te stesso.*

*A parte queste considerazioni, se proprio vuoi il consiglio
di uno che ti vuole bene, preparati all'estremo addio. Non appena ti accorgi che le condizioni di salute non sono più quelle ottimali, va' tu stesso incontro alla morte. Non dar retta a
quelli che ti dicono: «È bello morire quando è giunto il momento!». Non è affatto vero che sia bello: anzi, è la peggior*

cosa che ti può capitare. La triste verità è che conviene mori-
re il giorno in cui a te fa comodo: il più tardi possibile se stai
bene in salute, oggi stesso se hai qualche malanno di troppo.
Addio

tuo Lucio Anneo
(Sen-69)

Caro Lucio Anneo,

è mia intenzione risponderti sul tema delle tentazioni. Tu me le
dipingi come belve feroci, acquattate dietro i cespugli, pronte a
saltarmi addosso non appena mi vedono passare, e io come
semplici opportunità o, se preferisci, come scelte possibili che,
a seconda dei casi, posso fare o non fare.

Aristippo, a chi gli rimproverava di frequentare troppo la
cortigiana Laide, era solito rispondere: «La posseggo ma non
ne sono posseduto», e altre volte diceva: «Non è vergognoso en-
trare in casa di Laide, è vergognoso non saperne uscire». Ecco-
lo lì, quindi, il segreto per superare le tentazioni: cedere a esse
quel tanto che basta per poterle dimenticare. Come l'anatra che
entra nell'acqua e non si bagna, così il filosofo può partecipare
a un banchetto, bere del vino o andare a letto con una giovane
etera, senza per questo diventare un goloso, un ubriacone o un
lussurioso. Ma c'è di più: ho notato che le tentazioni, una vol-
ta soddisfatte, seppure in parte, finiscono col tentare molto di
meno. Come il buio e il silenzio incutono terrore ai più timoro-
si, così il rifiuto ostinato di cedere a ogni tipo di tentazione
può modificare il carattere di un uomo.

Ho frequentato per un po' di tempo alcuni adepti di una
nuova setta religiosa che pratica l'astinenza sessuale. Ebbene,
devi credermi, o mio caro Lucio Anneo, è tutta gente anorma-
le! Si flagellano a vicenda con rami di betulla per punirsi di
aver avuto pensieri poco casti, e nel medesimo tempo recitano
in coro preghiere dove ognuno giura solennemente che non ca-
drà mai più in tentazione. Insomma, proprio mentre condan-
nano il sesso, ne parlano in continuazione. Come a dire che
non lo praticano col corpo, ma che lo vivono con la mente, a

differenza di me, che, pur praticandolo, non ci penso più di tanto. Vorrei concludere affermando il principio secondo il quale cedere saltuariamente a qualche tentazione finisce prima o poi col fortificare l'animo, così come l'uscire a volte all'aperto, quando c'è un temporale, rende il corpo più resistente alle intemperie. Addio

tuo Lucilio

Seneca e le donne

«Chi ha ragione, secondo te,» mi chiede Alessia «Seneca o Lucilio?»

«In merito alle tentazioni? Non ho dubbi: Lucilio. Ma non è questo il punto: Seneca era uno che non ha mai resistito alle tentazioni.»

«E ti pareva! Tu quando puoi parlare male di Seneca sei tutto contento. Poi succede che mi fai litigare con Enrico.»

«Allora ascoltami: Seneca a quarant'anni si sposa con una ragazza di buona famiglia di cui non si conosce neanche il nome. Due anni dopo viene accusato di adulterio da Messalina per essere andato a letto con la sorella di Caligola, la bellissima Giulia Livilla. Ora, sia chiaro, questa Giulia Livilla era una che la dava praticamente a tutti, e Seneca, come ospite notturno, non era che il terzo in ordine di entrata: gli altri due erano il feroce Tigellino e addirittura Caligola, il di lei fratello. All'epoca, purtroppo, non usciva ancora "Novella 2000", altrimenti io, tutte queste storie, te le potrei documentare con servizi fotografici. Il peggio è che molti di questi adultèri venivano consumati non per voglia di sesso, il che sarebbe stato anche umano, ma solo per contare un pochino di più a corte. Quando Agrippina, madre di Nerone, si accorge che il suo ascendente sul figlio sta diminuendo a vista d'occhio, entra nel suo letto e gli si propone come amante, sempre su consiglio di Seneca. L'incesto, però, non la salva dall'essere condannata lo stesso a morte un paio di mesi dopo. Pare, infatti, che la brava donna, malgrado la non più giovane età, desse continuamente scandalo a corte. Tra le sue *performance*, ce ne fu una da *Guinness dei primati*: si sarebbe accoppiata con ventiquattro soldati di leva, l'uno dopo l'altro, in una sola notte. E, sempre a proposito di sesso, su Seneca graverebbe anche un'accusa di pedofilìa. A detta di Sifilino, non solo molestava i ragazzini, ma li usava come merce di scambio per far divertire Nerone. Tutto questo, poi, per non parlare di Cesare, che non a caso era soprannominato il marito di tutte le mogli e la moglie di tutti i mariti. Da quanto raccontano gli storici, infatti, il grande condottiero si sarebbe infilato nel letto di Nicomede, re della Bitinia, salvo poi mettersi a fare il maschio con le mogli di Gabinio, di Servio Sulpicio, di Crasso e forse anche di Pompeo. Altro che Clinton!»

«Madonna mia, che tempi! Tutte queste cose Enrico non se le immagina nemmeno.»

«E tu gliele devi raccontare: è ora che qualcuno gli spieghi come nascono i bambini. A quell'epoca gli uomini, per contare di più, ricorrevano al potere, e le donne al sesso. A Seneca, con ogni probabilità, del sesso non gli importava granché, ma del potere moltissimo. D'altronde, mettiamoci anche nei suoi panni: se a quei tempi non avevi una protezione ad alto livello, tipo Agrippina tanto per intenderci, a corte non campavi a lungo. Con Nerone, poi, c'era poco da scherzare: bastava un nonnulla per finire in pasto ai leoni. E difatti una sera, mentre stava a cena con Poppea, l'imperatore decise di far fuori Seneca. Non era arrivato nemmeno alla frutta, che già aveva inviato un messaggero al suo precettore di fiducia con l'ordine di tagliarsi le vene. In pratica era come se gli avesse detto: "O Seneca, tu dici sempre che ognuno di noi deve decidere l'ora della propria morte. Ebbene, fammi vedere come si fa: deciditi!".»

Sulla vecchiaia

Caro Lucilio,

dovunque mi giro scopro tracce della mia vecchiaia. Pochi giorni fa sono stato in una mia proprietà fuori Roma e mi sono lamentato col fattore per le condizioni in cui si trovava. Lui, il fattore, si è difeso dicendo che la colpa non era sua, ma del tempo: «Se le mura cascano a pezzi,» mi ha detto «è perché con gli anni sono diventate decrepite». Eppure quelle mura, lo ricordo benissimo, sono stato io a farle costruire: se oggi si sbriciolano, vuol dire che anch'io sto per crollare. Poi dò un'occhiata ai platani e li trovo tutti rinsecchiti. Ancora una volta me la prendo col fattore e ancora una volta lui mi giura di averli sempre curati e innaffiati. «Sono diventati secchi» mi dice «per via dell'età.» «Ma se sono stato io a piantarli» protesto «con le mie mani... come può essere che...» Non faccio in tempo, però, a terminare la frase che mi viene incontro un contadino: è un vecchietto basso e pieno di rughe che cammina appoggiandosi a un bastone. «E questo chi è?» chiedo al fattore. «Che gusto ci trovi a farmi incontrare il cadavere di un estraneo?» Al che il «cadavere» mi sorride e dice: «Salve, o Lucio Anneo, com'è che non mi riconosci? Eppure, da ragazzi, quante volte abbiamo giocato insieme. Mi portavi sempre delle statuette di argilla. Sono Felicione, il figlio del fattore Filosito, il tuo bimbo prediletto!». E ancora una volta resto senza parole: «Come può costui» mi chiedo «essere stato il mio bimbo prediletto, e ora non avere più un dente in bocca?».

Insomma, per farla breve, più mi guardo intorno e più vedo la mia vecchiaia riflessa nelle cose e negli uomini che mi circondano. È come se mi stessi guardando in uno specchio. Sto per piangere dalla disperazione quando penso che anche la vecchiaia ha i suoi lati positivi. Chi è abituato a bere a sazietà sa fin troppo bene che l'ultima coppa è anche la più saporita, quella che ti porta all'ebbrezza. Ogni stagione, infatti, ha i suoi privilegi, pur tuttavia la vecchiaia ne ha uno che le altre età non hanno: quello di non avere più desideri. Ah, come è dolce, mi dico, aver stancato le passioni ed essersele lasciate tutte alle spalle!

A questo punto, però, tu potresti obiettare che da una certa età in poi si ha sempre innanzi agli occhi lo spettro della morte. Non dico di no, ma anche i giovani farebbero bene ad averlo, dal momento che nessuno può essere così sicuro del proprio destino. Pacuvio, che governò a lungo in Siria al punto da essere soprannominato Siro, prese la buona abitudine, quando partecipava a un'orgia, di allestire a fine serata le proprie esequie. Si faceva adagiare su un lettino, e lì restava immobile, come se fosse davvero morto, mentre tutti i suoi amanti, maschi e femmine, si lamentavano in coro: «Ei fu, ei fu, or non è più, or non è più!». Ebbene, quello che Pacuvio faceva, spinto dai rimorsi, facciamolo anche noi, se non altro per non aver operato sempre secondo coscienza. Se poi gli Dei ci vorranno concedere qualche giorno in più, vuol dire che li ringrazieremo, sempre però che questi giorni suppletivi meritino di essere vissuti.

Concludo, come spesso mi capita, con una bella massima: «È male vivere nella necessità, ma non è obbligatorio continuare a vivere». Questo pensiero, mi dirai, non è mio ma di Epicuro, e io ti rispondo che le cose belle, quando sono vere, appartengono a tutti. Addio

tuo Lucio Anneo
(Sen-12)

Caro Lucio Anneo,

ti confesso che le tue riflessioni sulla vecchiaia non mi hanno per nulla convinto. Se ci vogliamo prendere in giro, facciamolo pure, se invece vogliamo dirci sinceramente come stanno le cose, non possiamo ignorare che i giovani sono belli e i vecchi brutti, che i giovani sono sani e i vecchi malati, e che tutto il resto non conta assolutamente nulla o, nel migliore dei casi, pochissimo.

Eppure, malgrado questa visione pessimistica della vita, un qualche vantaggio nella terza età anch'io sono riuscito a trovarlo, ed è il maggior rispetto con cui si viene considerati dal prossimo. È da un po' di tempo a questa parte, infatti, che ho notato come lo sguardo dei passanti sia diventato più affettuoso nei miei confronti. C'è addirittura chi mi dice «attento al gradino» e subito dopo mi prende per un braccio. Ma non basta. Come tu ben sai, mi sono sempre dilettato a scrivere. Non al tuo livello, sia chiaro, ma alcune poesiole e un paio di libriccini anch'io, nel mio piccolo, li ho messi insieme. Ebbene, credimi: mai una volta che questi miei scritti abbiano avuto il privilegio di suscitare l'attenzione degli uomini di lettere. Sarà perché i letterati mi vedono più nelle vesti di uomo pubblico che non in quelle di poeta, o che sotto sotto nel loro animo agisce un qualche briciolo d'invidia per il successo che ho come procuratore, certo è che mai una volta ho sentito un critico lodarmi. Ora, invece, comincio a raccogliere i primi consensi, e la cosa, lo confesso, mi preoccupa. Sono convinto, insomma, che in alcuni uomini di cultura sia nato un pensiero di questo tipo: «Povero Lucilio, com'è invecchiato! Tra non molto Thanatos se lo porterà nei bui anfratti dell'oltretomba. Facciamolo contento: diciamogli che le sue poesiole non sono poi così orribili». E allora accade che, mentre tu ti accorgi di essere diventato vecchio perché le mura sono ormai pericolanti, io me ne accorga per gli elogi che ricevo.

Concludendo, o mio caro Lucio Anneo, preferirei essere un po' meno apprezzato dai critici, e avere qualche anno in più da vivere. Addio

tuo Lucilio

L'applauso finale

«Certo che la vecchiaia è una brutta cosa» sospira Alessia. «Io, quando ci penso, non so se augurarmi i famosi cento anni. "Meglio morire prima," mi dico "quando si è ancora in piena salute."»

«Il guaio della vecchiaia, diceva Oscar Wilde, non è tanto il diventare vecchi, quanto l'essere ancora giovani. Comunque, è proprio vero quello che dice Lucilio.»

«E cioè?»

«Che nei confronti degli anziani si è sempre più generosi. La settimana scorsa una ragazza, in autobus, si è alzata per cedermi il posto: l'avrei uccisa! E più passa il tempo, più il prossimo mi tratta con rispetto. Alcuni anni fa, a Napoli, al Circolo Italia, ci fu una grande festa in onore di Eduardo De Filippo. A fine serata uno dei soci gli chiese di recitare qualcosa. Lui in un primo momento si rifiutò, poi, seppure a malincuore, fu costretto ad alzarsi in piedi e recitare quattro versi di una sua poesia, quattro di numero. Era evidente che non ne aveva nessuna voglia, ma si era reso conto che era anche un modo per svignarsela. Certo è che lo fece senza metterci un minimo di partecipazione. Ebbene, non ci crederai, ma fu subissato di applausi: una vera e propria ovazione. Negli occhi di tutti si leggeva chiaramente il pensiero: "Poveretto: chissà se riusciremo a sentirlo ancora una volta!".»

«Ma non sarebbe meglio essere più generosi con i giovani?»

«Certo che sarebbe meglio, ma cominciamo col dire che per capire un artista ci vuole del tempo. Le prime volte che leggiamo un'opera non siamo mai preparati. Diceva Flaiano: "Il difetto principale dei contemporanei è quello di essere contemporanei". Poi bisogna tener conto dell'invidia. Come può un critico, magari anch'egli autore di un'opera letteraria, essere obiettivo verso un collega che ha appena scritto un libro? Non parliamo poi se si tratta di un autore di bestseller: è già tanto se lo legge! C'è stato addirittura un critico inglese che ha ammesso di non aver mai letto un libro prima di recensirlo, per non farsi influenzare. Lo stesso dicasi degli attori comici. Basta l'esempio di Totò per rendersene conto.

Adesso che è morto, è diventato un genio. Quand'era vivo non se lo filava nessuno. Una volta, parlando dei critici, disse che ce n'era uno solo che lo seguiva ovunque. "Si chiama Vice," precisò "e non mi perde mai d'occhio."»

«Ma c'erano già i critici ai tempi di Seneca?»

«Certo che c'erano, solo che non lo facevano per mestiere. Erano uomini di cultura che emettevano giudizi, più o meno velenosi, sui propri colleghi. Non a caso il famoso detto *Nemo propheta in patria* è un detto latino. E anche nell'antica Roma bastava passare nel mondo dei più per ricevere, un'ora dopo, il massimo dei consensi.»

«E tu con i critici come sei messo?»

«Non vedo l'ora di morire.»

Sui giudici

Caro Lucilio,

t'inganni se pensi che la dissolutezza, la disonestà e la perdita dei princìpi morali siano una caratteristica dei nostri tempi. Sono vizi che appartengono all'umanità e non a un periodo storico in particolare. Nessuna età, infatti, può dirsi esente da tali colpe. Perfino l'epoca di Catone, tanto decantata, ha avuto i suoi bravi problemi. Fu proprio ai tempi di Catone, infatti, che corse del denaro, allorché il turpe Clodio fu incolpato di adulterio nei confronti di Cesare. E non fu certo il compenso in denaro la parte peggiore del patto, quanto, semmai, la pretesa dei giudici di sfogare la propria libidine su alcune matrone e alcuni adolescenti di buona famiglia. Clodio, appena si rese conto delle persone con cui aveva a che fare, abbandonò subito le vesti di imputato per indossare quelle a lui più consone del ruffiano. Non bastò certo Catone a trattenerlo, e comunque, anche se ci fosse riuscito, alla resa dei conti, i Clodi erano sempre più numerosi dei Catoni.

Ora, per farti capire fino a che punto quel processo superò ogni limite di decenza, ti riporto pari pari quello che disse Cicerone: «L'imputato ha convocato i giudici e ha fatto loro ogni sorta di promesse. Ha dato a ciascuno delle garanzie e del denaro, e come massima infamia ha promesso a più di uno di passare la notte con una matrona o un adolescente di sua scelta. Ha detto loro: "Vuoi la moglie di quel tale? Te la darò. Desi-

deri la moglie di quell'altro? Sarà tua. Daresti l'anima per quella donna? L'avrai di certo, e non dovrai nemmeno attendere molto: entro tre giorni sarà lei stessa a venire da te". Un giudice, oltretutto, ebbe anche la faccia tosta di chiedergli due guardie del corpo. "Con ogni probabilità" fu il commento di Clodio "per mettere al sicuro il denaro che gli avevo appena consegnato"». Ebbene, tutto questo accadeva ai tempi di Catone, quando in sua presenza erano proibite perfino le danze delle cortigiane, e quando negli affreschi del Senato si era soliti coprire con un velo le vergogne degli animali maschi. Evidentemente gli uomini di quella generazione erano più sensibili come spettatori che non come mariti. Non ci resta quindi, per consolarci, che ascoltare Epicuro allorché ci ricorda che «il malvagio può anche nascondersi, ma non avrà mai la certezza di restare nascosto. Che viva almeno nell'ansia!». Addio

tuo Lucio Anneo
(Sen-97)

Caro Lucio Anneo,

ti lamenti dei giudici di Roma solo perché non conosci quelli che esercitano in Sicilia. Il tuo tribunale sarà pure un covo di banditi, dove non è possibile distinguere il giusto dall'ingiusto, ma qui la situazione non è che migliori di molto. Abbiamo giudici sbattuti in galera da altri giudici, sui quali a loro volta indagano altri giudici. Ce ne sono due di Agrigento, entrambi rossi di capelli, che non fanno altro dalla mattina alla sera che vomitarsi addosso ingiurie a ripetizione. E questo perché, esaltati dal compito che è stato loro affidato, hanno perso completamente il senso della misura. Probabilmente è l'atto stesso del giudicare che conferisce a chi lo esercita un potere sproporzionato, pari, forse, solo a quello di un console della Repubblica.

Tra gli abusi più praticati, ad esempio, c'è la facoltà di mettere in galera i presunti colpevoli prima ancora di averli giudicati, e questo solo nella speranza che siano poi loro stessi a confessare i crimini. Mi si dice che alcuni disgraziati, accusati ingiustamente, abbiano preferito suicidarsi piuttosto che vivere il resto della vita in catene. Esiste, infine, l'uso indiscriminato di criminali disposti a testimoniare qualsiasi cosa loro si chieda, pur di ottenere un minimo miglioramento nella condizione carceraria. Vengono chiamati «pentiti». Ma pentiti di cosa, chiedo io, se ai crimini già commessi aggiungono quelli di giurare il falso per tornaconto?

E pensare che da ragazzo mio padre m'insegnò che Temi, la Dea della Giustizia, allorché si trattava di stabilire chi avesse torto e chi ragione, non distingueva suo padre Giove dall'ultimo dei mortali. Oggi, invece, così come funzionano i nostri tribunali, auguriamoci di non finire mai sotto la scure della Legge, se non vogliamo che una mattina il tuo Lucio Domizio Nerone, magari solo perché quel giorno la sua amante di turno non lo ha trattato come lui si aspettava, decida di porre fine alla nostra vita. Addio

tuo Lucilio

Aldino

«Queste lettere sembrano scritte oggi» commenta Alessia.

«Hai ragione! C'è tutto quello che succede in Italia: c'è Roma, il porto delle nebbie, le liti tra i giudici, la custodia cautelare e perfino i pentiti. Insomma, niente di nuovo sotto il sole...»

«Siamo perfettamente d'accordo,» m'interrompe Alessia «ma non è di questo che mi va di parlare.»

«E di cosa, allora?» le chiedo, per nulla stupito, essendomi accorto, fin da quando ci siamo seduti allo Snack Bar, che ha qualcosa di urgente da chiedermi.

«Ti ricordi che ti parlai di un ragazzo che, malgrado mi avesse appena conosciuto, mi voleva per forza portare a Parigi?»

«Quello con gli occhi azzurri?»

«Sì, Aldino.»

«Ebbene, che ha fatto?»

«L'ho incontrato ieri sera, a una festa. Ora mi vuole portare fuori a cena.»

«Beh, è sempre meno impegnativo che andare a Parigi. E tu che hai deciso? Ci vai?»

«Mah,» risponde Alessia, alquanto titubante «in un certo senso m'incuriosisce. Poi, però, penso che non sarebbe leale nei confronti di Enrico.»

«E allora?»

«E allora ho deciso di chiederglielo.»

«A chi, a Enrico?»

«Tanto si tratta solo di una cena.»

«E qui ti sbagli. Non si tratta solo di una cena. La tua è una vera e propria scelta di vita: o Enrico, o Aldino.»

Alessia non risponde, ha le idee confuse. Ovviamente vuole bene al suo fidanzato, però non lo considera l'uomo della sua vita. Potendo, si costruirebbe un marito su misura, tipo il mostro di Frankenstein, prendendo magari un pezzo da Enrico e uno da Aldino.

«Dimmi i pregi e i difetti di questo Aldino, e poi decidiamo insieme che dobbiamo fare.»

«Beh, per essere un bel ragazzo, lo è. Solo che io lo trovo terribilmente ignorante. Sono sicura, per esempio, che se gli chiedessi chi è Seneca, mi risponderebbe che è una donna.»

«Solo per il fatto che ha il nome che finisce per "a"? Beh, se è messo così è proprio ignorante. Ma, a parte Seneca, che lavoro fa?»

«Fa l'animatore alla Valtur. Ha la stessa età di Enrico, ma a sentirlo parlare pare che abbia dieci anni di meno. Ride sempre. Troppo per il mio carattere.»

«E tu a chi vuoi più bene: a lui o a Enrico?»

«A Enrico, ovviamente.»

«Però Aldino ti diverte.»

«"Diverte" non è il verbo giusto. Diciamo che m'incuriosisce.»

«Allora la risposta è facile: togliti la curiosità.»

«Cioè?»

«Vacci a letto una sola volta, massimo due, e poi torna da Enrico.»

«Ma vuoi scherzare? Non ci penso nemmeno.»

«E invece dovresti pensarci: è l'unico modo che ti resta per rivalutare Enrico. Guarda che ti dico: prima o poi troveremo una lettera di Seneca, o di Lucilio, che te lo consiglierà.»

Sull'amicizia, sull'amore
e sull'affetto

Caro Lucilio,

mi scrivi di aver incaricato un amico di portarmi delle lettere, e nel contempo mi avverti di non metterlo a parte dei tuoi segreti. Al che non posso fare a meno di chiederti: «Ma costui è davvero un tuo amico?». Eh già, perché tu, nella stessa lettera, me lo affermi e me lo neghi. Forse hai usato il termine «amico» solo in senso lato, un po' come quando noi chiamiamo «onorevole» il candidato alle cariche pubbliche pur senza onorarlo affatto, e «signore» qualsiasi cittadino che incontriamo per strada. Sappi allora, o mio Lucilio, che, se consideri «amico» un uomo, devi avere per lui la stessa fiducia che hai per te stesso, altrimenti commetti un gravissimo errore. Ovviamente, per includerlo tra gli amici, dovrai prima averlo esaminato a fondo. Una volta, però, accettato come tale, dovrai poi essere sempre sincero con lui, anche negli affari personali. D'altra parte, a cosa serve un amico? A confidargli i segreti più intimi. Ebbene, se credi nella sua fedeltà, scoprirai che proprio per questo lui ti sarà fedele. È un po' quello che accade nella vita coniugale: se pensi che tua moglie ti tradisce, prima o poi finirai con l'essere tradito sul serio, quasi che sia stato il tuo sospetto a innescare il tradimento.

Volendo concludere questa breve lettera, t'invito a fare la seguente riflessione: puoi fidarti e non fidarti di un amico. Sappi, però, che fidarsi è di gran lunga più riposante del non fidar-

si, se non altro perché il vivere in uno stato di continuo sospetto non è certo un bel vivere. E, in proposito, eccoti un pensiero di Pomponio: «Chi vive rinchiuso nel proprio guscio finisce per considerare pericoloso tutto ciò che sta fuori». Addio

tuo Lucio Anneo
(Sen-3)

Caro Lucio Anneo,

nella tua ultima lettera, a proposito di un amico, mi scrivi che debbo riporre in lui la stessa fiducia che ho in me stesso, e io ti rispondo che proprio questo è il problema: io, di me stesso, non ho alcuna fiducia. Cambio spesso parere, non riesco a mantenere un segreto e, a volte, magari solo per pigrizia, finisco per dare ragione anche a chi, a mio avviso, avrebbe torto marcio.

Supponiamo che tu mi chieda in che cosa consiste la vera amicizia. Ebbene, ti risponderei che consiste nel voler bene a un altro uomo, e a questo punto non mi puoi negare che si può voler bene anche a qualcuno che non si stima. Anzi, almeno nel mio caso, non ho fatto altro nella vita che amare persone che non se lo meritavano affatto. Alludo, come avrai capito, a tutte quelle donne che nel corso della gioventù mi hanno fatto tanto soffrire. Il guaio è, mio caro Lucio Anneo, che come abbiamo bisogno di una donna durante la notte, così abbiamo bisogno di un amico durante il giorno. Purtroppo non sempre, tra le persone che ci circondano, troviamo quella giusta, e allora ci dobbiamo accontentare anche di chi, almeno in apparenza, non ci sembra poi tanto male. È sufficiente che ci ascolti con attenzione, che non sparli di noi quando gli voltiamo le spalle, e che ci sia accanto nei momenti difficili. Tu vorresti che, costui, io non lo chiamassi «amico». D'accordo, farò come tu dici: non lo chiamerò amico. Continuerò, però, a frequentarlo tutti i giorni perché non posso fare a meno di lui, e che gli Dei mi stiano vicino. Addio

tuo Lucilio

Caro Lucilio,

quando ti chiedo con tanta insistenza di dedicarti alla filosofia, in un certo qual modo lo faccio nel mio interesse. Il fatto è che desidero averti come amico, e tu non potrai diventarlo, se prima non ti perfezioni in quei temi filosofici che a suo tempo ti ho indicato. Oggi, credimi, tu mi ami soltanto, ma non mi sei ancora amico. Al che già immagino le tue proteste: «Ma come,» starai pensando, «l'amore non è forse un moto dell'animo ancora più elevato dell'amicizia?». Per poi aggiungere che nella peggiore delle ipotesi «amore e amicizia sono due sentimenti di pari valore». «No, che non lo sono:» rispondo io «chi è amico ama, ma chi ama non sempre è amico. L'amicizia è sempre utile, mentre l'amore, a volte, può essere nocivo.»

Ciò detto, o Lucilio, ti prego: cerca di perfezionarti nella filosofia. Impegnati affinché i tuoi progressi giovino sia a me che a te, più che alle altre persone. Io già ne pregusto i frutti: noi due diventeremo un'anima sola, e tutto quel vigore che mi vien meno a causa della vecchiaia, mi verrà ampiamente ricompensato dalla tua minore età, che del resto non è poi così lontana dalla mia.

È vero che quando si ama il sentimento può compensare la lontananza, tuttavia nulla può essere paragonato al calore del contatto fisico e al piacere della conversazione. Ti prego, allora, di farmi questo grandissimo dono: regalami la tua presenza. Affrettati a tornare a Roma. Prima, però, resta con te stesso, e cerca di capire se in tutto questo tempo sei davvero migliorato. Per verificare i progressi fatti, chiediti se desideri ancora le stesse cose che desideravi un tempo: un mutamento potrebbe essere indice di un animo che sta andando alla deriva. Ricordati, infatti, che la fermezza nei propri convincimenti è il primo requisito del filosofo. Ma anche questo non sempre è vero: a volte il progredire comporta piccole variazioni. Al che mi potresti chiedere: «Come si fa a distinguere una variazione negativa da una che, invece, è servita ad arricchire l'animo?». E io ti risponderei che è proprio l'animo tuo a fartelo capire: se vacilla, devi preoccuparti; se è saldo puoi stare tranquillo. Il saggio non vacilla mai. Addio

tuo Lucio Anneo
(Sen-35)

Caro Lucio Anneo,

nella tua ultima lettera mi hai messo in guardia dall'amore. È come se mi avessi detto: «Attento a te, o Lucilio, guardati dai sentimenti troppo impetuosi: in un primo momento sembrano simili all'amicizia, poi, quando meno te l'aspetti, si dileguano con la stessa velocità con la quale sono apparsi. Arrivati a quel punto, però, o soffri perché sei stato abbandonato dalla persona amata, o ti annoi perché non sai come liberarti di un'amante per la quale non senti più alcun trasporto». E io, in proposito, ho il piacere di comunicarti che sono pienamente d'accordo con te: l'amore è di gran lunga più pericoloso dell'amicizia, soprattutto perché è fonte di sofferenza per almeno uno dei due amanti. Nei primi giorni lo acceca con la passione, gli toglie l'appetito e non lo fa dormire. Negli anni successivi gli fa riacquistare la vista, e gli rende spiacevole la convivenza con una persona a suo tempo tanto amata. In tal modo, però, evapora non solo l'amore, ma anche quell'affetto di cui non possiamo fare a meno. Che differenza con l'amicizia! Questa non è un incendio: è un fuocherello, è un tepore che si avverte appena, ma ci riscalda nelle lunghe sere d'inverno, quando il freddo della solitudine fa sentire i suoi morsi. Non so, infatti, se ci hai mai fatto caso ma, mentre l'amore col tempo tende a diminuire, l'amicizia finisce sempre col crescere. Altro fattore, infine, che distingue l'uno dall'altra è l'assenza totale della gelosia. Mentre una donna che ama è gelosa di qualsiasi altra donna, un vero amico non è mai geloso di un altro amico. Anzi, gli diventa amico a sua volta, proprio attraverso l'amico comune.

Non mi resta quindi che augurarti, e augurarmi, di avere meno amori possibile e, in compenso, moltissimi amici. Addio

tuo Lucilio

Caro Lucilio,

Epicuro, in una sua lettera, rimprovera duramente Stilbone per aver affermato che il saggio, in quanto sostenitore dell'apatheia, basta a se stesso, e che non ha bisogno di amici. Ora tu mi chiedi chi dei due avesse ragione, e io ti rispondo che dovrei prima capire cosa vuol dire apatheia. *Se sta per «distacco dalle passioni» è un conto, se sta, invece, per «indifferenza verso il dolore» è tutta un'altra storia. Una cosa, infatti, è il non farsi trascinare dall'emotività, e un'altra l'incapacità di sopportare il benché minimo dolore. Come dire che l'uno è l'opposto dell'altro. La verità, comunque, potrebbe anche stare nel mezzo, nel senso che il saggio avverte il dolore per la perdita di un amico, pur riuscendo a superarlo con la forza dell'animo.*

Ora, per meglio capire come stanno le cose, facciamo qualche esempio pratico: se, a seguito di una malattia, o di una guerra, il saggio perdesse l'uso di una mano, o di un occhio, o di entrambi gli occhi, pur dispiacendosi per la propria menomazione, non si dispererebbe più di tanto. Con il medesimo ragionamento, se un brutto giorno restasse senza amici, proprio perché saggio, soffrirebbe meno di chiunque altro, perché sarebbe il più predisposto a crearsi nuove amicizie. In proposito giunge puntuale una massima dell'insigne Ecatone: «Se desideri essere amato, comincia tu ad amare gli altri». È un consiglio apparentemente banale, ma di gran lunga più efficace di qualsiasi filtro amoroso. Oltretutto, anche la ricerca di una nuova amicizia può risultare piacevole. Diceva Attalo: «Come al pittore dà più soddisfazione dipingere un nuovo quadro che non ammirarne uno già dipinto, così a un uomo può interessare più un nuovo rapporto che non conversare con un vecchio amico». Nel medesimo tempo, però, il saggio è meno vulnerabile sul piano degli affetti. Quando Stilbone fugge dalla città in fiamme, e gli si chiede cosa ha lasciato dietro di sé, lui non dichiara di aver perso la moglie, i figli e gli amici, ma si limita a dire: «Omnia mea mecum porto», e cioè «Tutto quello che avevo di veramente importante sono riuscito a portarlo con me» e, così dicendo, si riferisce alla giustizia, all'onestà, alla prudenza e a tutte le altre virtù dell'animo. Addio

tuo Lucio Anneo
(Sen-9)

Caro Lucio Anneo,

ti confesso che il tuo Stilbone mi fa ribrezzo: come si fa a preferire la giustizia, l'onestà e la prudenza, alla moglie, ai figli e agli amici? Non che io non apprezzi le virtù dell'animo, ma tutte queste qualità messe insieme, credimi, non valgono la centesima parte dei nostri affetti! E, soprattutto: come si fa a sottovalutare l'importanza dell'amicizia? Forse potrei anche sopportare una giustizia leggermente imperfetta, o una onestà non del tutto limpida, o una prudenza alquanto imprudente, ma non potrei giammai fare a meno della vera amicizia. Arrivo a dire che potrei anche rinunciare all'affetto di una donna, ma non a quello di un amico. Per l'amico sono disposto a tutto, anche a rubare, se dal mio furto dipendesse la sua sopravvivenza. E non basta. non mi vergogno ad ammettere che non saprei vivere senza il suo conforto. Per quanto mi riguarda, infatti, l'amicizia ha la stessa importanza che può avere l'acqua per un naufrago. Tempo un paio di giorni, il disgraziato morirà di sete se non riuscirà a trovare un'isola su cui sbarcare. Ebbene credimi, non c'è donna al mondo, per quanto bella si possa immaginare, che regga per me il confronto con l'amico vero. A proposito poi di bellezza: non so se hai notato che, a differenza dell'amore, l'amicizia la pone in secondo piano, così come non tiene conto della ricchezza. Si può essere, infatti, amici di un uomo molto brutto, o di uno molto povero, mentre non sempre è possibile affermare la stessa cosa nei rapporti tra un uomo e una donna: l'uno desiderando la bellezza e l'altra il denaro.

Ora, tornando al nostro Stilbone, non è che io sottovaluti l'importanza della giustizia, dell'onestà, della prudenza, e di tutte quelle virtù che lui si vanta di avere quando strombazza il suo «omnia mea mecum porto», ma cosa sono, ti chiedo, queste virtù, se non il tentativo di rendere amici tutti gli uomini del mondo? E allora: guardiamo in faccia la realtà e poniamo al primo posto dei nostri desideri la vera amicizia. Addio

tuo Lucilio

L'amica Alessia

«Dopo tre lettere di Seneca e tre risposte di Lucilio, tutte sull'amicizia, ora tocca a noi decidere che cosa vuol dire "essere amici"?» mi chiede Alessia.

«Basta fare dei paragoni» rispondo. «Io e te, ad esempio, siamo o non siamo amici?»

«Secondo me, stiamo per diventarlo.»

«E io, invece, penso che già lo siamo, e che sia tutto merito della cantina.»

«Non ne sono così sicura» replica Alessia, dopo averci pensato su per qualche secondo. «L'amicizia ha bisogno di tempi lunghi, e più ne impiega, più regge negli anni. In effetti sono proprio questi tempi lunghi a differenziarla dall'amore. L'innamoramento, invece, come peraltro dice lo stesso Lucilio, può anche scoppiare da un momento all'altro, salvo poi dissolversi con la stessa velocità con cui si è presentato. L'ideale sarebbe far coincidere amore e amicizia, e tutti e due nella stessa persona.»

«Che brava: parli proprio come Seneca! Io, però, ti voglio fare una domanda un pochino più personale: "Sei proprio sicura di essere innamorata di Enrico? Non può essere che gli sei solo amica?".»

Alessia non risponde subito, il che mi fa capire che ho centrato un problema che da tempo deve starle a cuore.

«Magari,» insisto «provi per lui solo un po' di affetto e tanta stima...»

«Mi chiedo» mormora Alessia con un filo di voce «quale di questi due sentimenti sia da preferire in un rapporto coniugale... se l'amore o la stima...»

«L'amore, se si tratta di un periodo breve, la stima se parliamo di tutta la vita. Mettici, infine, il desiderio, più che giustificato, da parte di una donna di sistemarsi, e finiamo con l'avere un cocktail che rassomiglia all'amore.»

«È incredibile» ribatte Alessia, guardandomi scandalizzata, «più passa il tempo e più tendi a somigliare a Lucilio!»

«In che senso?»

«Non è forse Lucilio quello che ha detto: "Come abbiamo

bisogno di una donna durante la notte, così abbiamo bisogno di un uomo durante il giorno"? E non è sempre Lucilio quello che ha scritto che l'uomo desidera la bellezza e la donna il denaro? Ebbene, sai che ti dico? Che tu la pensi proprio come lui. Siete due maschilisti schifosi!»

Sulla vera ricchezza

Caro Lucilio,

non credo a coloro che dicono di essere troppo indaffarati per dedicarsi allo studio. Quasi sempre si tratta di persone che fingono di essere impegnate solo per non ammettere di essere pigre. Magari, per crearsi un alibi, s'inventano mille impegni di lavoro. Io, invece, mi vanto di non cercare pretesti: in qualsiasi momento sono padrone di me stesso, e, quando mi concedo agli amici, lo faccio sempre con molto piacere. Anzi, recupero i miei pensieri più profondi e li divido con loro, così, fra l'altro, riesco a riflettere meglio su qualche verità salutare. Se poi, per obblighi sociali, sono costretto a intrattenermi con qualcuno, non cerco quelli che mi potrebbero tornare più utili nella carriera, ma sempre i migliori. Mi faccio spesso accompagnare dall'amico Demetrio ed evito i politici e i porporati. E sempre a proposito di quel cencioso di Demetrio, voglio farti una confessione: io lo ammiro moltissimo. Ho constatato che non è mai tormentato da nessun tipo di desiderio, e che non sente il bisogno dei beni materiali: è come se avesse scoperto il segreto della vera ricchezza. Pur non possedendo un solo sesterzio, vive e si comporta come se fosse l'uomo più ricco del mondo. Addio

tuo Lucio Anneo
(Sen-62)

CARO LUCIO ANNEO,

il tuo Demetrio mi ricorda un po' Diogene. Un giorno il vecchiaccio stava lavando un cesto di verdura sotto una fontanella, quando venne visto dal filosofo Aristippo. Ora, come tu ben sai, tra i due non correva buon sangue, e difatti il raffinato Aristippo, non appena vide il suo collega impegnato in quell'umile operazione, sentì subito il bisogno di criticarlo.

«O Diogene,» gli disse «se tu imparassi a parlare con i ricchi, non saresti costretto a mangiare la verdura!»

E Diogene di rimando: «E se tu imparassi a mangiare la verdura, non saresti costretto a parlare con i ricchi!».

A questo punto mi chiedo, e ti chiedo: chi dei due aveva ragione? Il cencioso Diogene o il gaudente Aristippo? È più morale praticare la povertà assoluta, o lottare per acquisire il benessere, e magari, così facendo, rendere ancora più ricca la comunità a cui si appartiene? E con questo dilemma, o mio caro amico, ti dico addio

tuo Lucilio

Sant'Alessio

«Oggi, 17 luglio,» mi comunica Alessia «è il mio onomastico, sant'Alessio.»

«Allora dobbiamo festeggiare. Vuol dire che, invece delle solite birre, apriremo una bottiglia di spumante.»

«Lo spumante a mezzogiorno?»

«A meno che non ci vogliamo rivedere stasera.»

Fu così che io e Alessia uscimmo per la prima volta a cena. Andammo a mangiare a lume di candela all'«Orodinapoli», un ristorantino del quartiere Prati. Il tutto, ovviamente, senza dire niente al papirologo. In compenso, però, parlammo molto di lui.

«Vedi, Alessia, ci sono uomini adatti a fare i mariti, e altri, invece, che si sentono più a loro agio quando vivono da soli. Io, ad esempio, sono tra questi. E mi sa che anche il tuo Enrico è più bravo a fare il *single* che non l'uomo sposato. Ovviamente non lo conosco bene, ma mi ha sempre dato l'idea di un mezzo eremita, di uno, insomma, sul genere di sant'Alessio, il santo che stiamo festeggiando questa sera.»

«Non so niente di sant'Alessio: chi era?»

«Era un santo molto singolare, rampollo di una famiglia altolocata. Si sposò e sparì all'improvviso un minuto dopo essere sceso dall'altare. Andò a fare il pezzente in Asia Minore. Tutto quello che riusciva a raccattare di giorno, lo regalava la notte agli altri poveri. Restò lontano da casa la bellezza di diciotto anni. Poi un bel giorno tornò dalla moglie, ma lei non lo riconobbe. D'altra parte era passato tanto di quel tempo che il suo viso non era più quello di una volta. Si era fatto crescere la barba ed era dimagrito di oltre venti chili. Lei, comunque, lo accolse con grande generosità e lo mantenne per altri diciassette anni, sempre venerandolo come un pellegrino di passaggio. In tutto quel periodo, però, il santo non le disse nulla: mangiò, bevve e dormì, sempre pregando il Signore. Solo sul letto di morte si decise a confessare chi era veramente.»

«E lei che gli disse?»

«Niente, non gli disse niente. D'altra parte cosa gli avrebbe potuto dire? S'inginocchiò ai suoi piedi, perché si rese conto che era davvero un sant'uomo.»

«Sant'uomo un cavolo!» protesta Alessia indignata. «Semmai è stata lei a comportarsi da santa donna! Io, al posto suo, lo avrei cacciato a calci nel sedere, moribondo o non moribondo.»

«Sì, però, il caso di sant'Alessio giunge a proposito per commentare questa lettera di Seneca sulla temperanza. È più morale, si chiede Lucilio, vivere nella povertà assoluta, o produrre benessere, in modo da essere economicamente indipendente e nel medesimo tempo contribuire anche alla ricchezza del paese?»

«Secondo me, ognuno deve fare quello che gli pare: se si diverte a fare il povero che lo faccia pure. L'importante è che non rompa le scatole al prossimo, come fanno i lavavetri.»

Sulla povertà

Caro Lucilio,

siamo a dicembre, il mese in cui a Roma si celebrano più feste che in qualsiasi periodo dell'anno, e dove la dissolutezza regna incontrastata. Ogni angolo della città risuona di chiassosi preparativi, e, dovunque volgiamo lo sguardo, vediamo schiavi trasportare viveri e botti di vino. A questo punto mi chiedo cosa dovremmo fare, noi, uomini saggi, per opporci a un simile andazzo. Declinare ogni invito? Chiuderci in una dignitosa solitudine? Oppure unirci agli altri, per non farci poi accusare di essere asociali? Se ben ti conosco, o Lucilio, tu assumeresti volentieri un comportamento intermedio: né quello adottato dalla massa festaiola, né quello dell'intellettuale distaccato. Io, invece, proprio perché tutti si lasciano andare, penso che dovremmo esigere dal nostro animo un comportamento più austero. Sono convinto, per esempio, che sia possibile bere e mangiare, pur restando sobri tra gente ubriaca fino al vomito.

Come i soldati che in tempo di pace fanno le manovre per esercitarsi a combattere, o che costruiscono le trincee quando il nemico non è ancora alle porte, così l'uomo saggio dovrebbe, a mio avviso, praticare in questo mese la più assoluta povertà. Procùrati, allora, un pagliericcio, un saio e un tozzo di pane duro, e prova a vivere come vivono i poveri per tre o quattro giorni di seguito. Non credere, però, così facendo, di aver compiuto chissà quale impresa eroica: migliaia e migliaia di schia-

vi vivono ogni giorno in queste condizioni e, che io sappia, non si lamentano più di tanto. Esercitandoti, invece, nella povertà, tu potresti dimostrare a te stesso che le avversità della vita non ti spaventerebbero affatto, il giorno in cui la tua sorte dovesse cambiare all'improvviso.

C'erano giorni in cui il sommo Epicuro restava volutamente digiuno, per rendersi conto di quanto fosse futile il piacere del cibo. Era solito dire: «Io spendo per sfamarmi molto meno di quanto non spenda il ricco Metrodoro, e mi sento lo stesso in ottima salute, e non basta: il piacere che provo nel mangiare un pezzo di pane in più, è di gran lunga superiore a quello che prova lui quando si alza troppo sazio dopo un lauto banchetto».

Volendo concludere, o mio Lucilio, se vuoi sentirti davvero ricco, diventa amico della povertà, e vivi come se in tasca non avessi nemmeno un sesterzio. Addio

tuo Lucio Anneo
(Sen-18)

Caro Lucio Anneo,

grazie per tutti i consigli che mi dai. Temo, però, che malgrado la stima che ho per te non ne seguirò alcuno. A mio avviso, infatti, il problema non sta tanto nell'avere davanti un pollo farcito o un tozzo di pane duro, quanto nell'avere all'interno del proprio animo la consapevolezza di essere ricco o quella di essere povero. Che io mi alzi da tavola con la fame, quando so benissimo che, volendo, potrei mangiare tutto quello che mi pare, non serve assolutamente a nulla. Al massimo potrebbe essermi utile per mantenere la dieta. Come a dire che, per vivere da povero, bisogna essere sul serio poveri, e provare a vedere, almeno una volta nella vita, i propri figli invocare con le lacrime agli occhi un tozzo di pane e non avere di che sfamarli. Solo questo tipo di sofferenza, credimi, può irrobustirti l'animo. L'altra strada, quella della rinunzia volontaria, non porta da nessuna parte. La fame non è un malessere fisico, è una disposizione dell'animo, è una sensazione che ha a che vedere con la paura della morte.

Il tuo riferirti di continuo a Epicuro è esatto, ma solo per mettere a confronto le ricchezze che abbiamo con quelle che vorremmo avere. Un giorno, il grande saggio disse ai suoi allievi: «Se volete arricchire Pitocle, non aumentatene gli averi, ma diminuitene i desideri». Questo è l'obiettivo che ci dobbiamo prefiggere.

Un attore, sulla scena, non muore, ma finge di morire. Non ama, ma finge di amare. Non odia, ma finge di odiare. Analogamente anche noi, mangiando solo pane duro, non saremmo poveri, ma fingeremmo di esserlo. In altre parole reciteremmo la parte degli affamati, pur sapendo che a partire da domani potremo tornare a mangiare quanto e come vogliamo.

Mi si dice che in Galilea sia nato un movimento religioso che promuove la povertà a tutti i livelli. La decisione dei suoi adepti, però, a detta di chi li ha frequentati, non è seguita solo per pochi giorni, bensì per tutta la vita. Ora, non sarà questa la prima setta a predicare il digiuno, e nemmeno l'ultima. Se tu lo desideri, potrai anche unirti a loro. Sappi, però, che in molti paesi essi vengono perseguitati dalle autorità, e perfino crocefissi: non perché hanno deciso di vivere come i poveri, ma perché con il loro esempio dimostrano di non apprezzare quei beni che invece rendono felici tutti quelli che stanno al potere.

Per quanto riguarda me, infine, non preoccuparti più di tanto: continuerò a mangiare i miei polli farciti, in attesa di rinascere povero in una prossima vita. Addio

tuo Lucilio

I paradossi

«Ci risiamo con la povertà e la ricchezza» commenta Alessia. «Ecco un'altra lettera di Seneca dove il filosofo ci invita a vivere di stenti. Tu che ne pensi: è meglio fare il povero o il ricco?»

«Il problema non si pone,» rispondo io con sicurezza «a meno che non ci vogliamo mettere a giocare ai paradossi.»

«Come si gioca ai paradossi?»

«È semplice: ognuno ne dice uno. Poi si decide chi l'ha sparata più grossa. Paradosso è un termine greco: viene da *para* che vuol dire contro, e *doxa* che vuol dire opinione. È una frase che, almeno a prima vista, fa a pugni con il buon senso, e proprio per questo piace.»

«Fammi qualche esempio.»

«Se io ti dicessi "Meno male che ci sono i curdi e gli albanesi", tu come la prenderesti?»

«Come una balla!» esclama Alessia.

«E invece è una grande verità. Le statistiche dimostrano che, data la scarsa natalità in cui siamo precipitati, e l'allungarsi della vita media, nel 2050 ci ridurremo a soli 42 milioni di abitanti, e che di questi 42 milioni il settanta per cento sarà formato tutto da uomini e donne con più di sessant'anni. Dove li prenderemo i soldi per pagare le loro pensioni? L'Italia è il paese con il più basso indice di natalità del mondo occidentale. A quel punto, l'unica speranza sarà quella d'importare manodopera giovanile dal Terzo Mondo: albanesi, curdi, marocchini e così via. Forse dovremo cominciare, fin da adesso, a costruire delle navi per incoraggiarli a venire.»

«Dimmene un altro.»

«Quali sono i lati positivi della bomba atomica?»

«Non li riesco nemmeno a immaginare.»

«In primo luogo quello di farci morire tutti insieme, in modo da non lasciare parenti e amici in lacrime, e in secondo luogo di essere riuscita negli anni Cinquanta con "l'equilibrio del terrore" a evitare una terza guerra mondiale tra la Russia e l'America.»

«Un altro ancora.»

«Il fascismo non era poi così male.»

«Beh, questa mi sembra enorme!»

«Non tanto, se ti fai due conti: tra tutte le dittature del Ventesimo secolo quella fascista è stata... per così dire... la più *soft*, o, se preferisci, la meno spietata. Parlo, ovviamente, in termini numerici: contro i 60 milioni di avversari politici fatti fuori da Mao, i 40 milioni addebitabili a Stalin, milione più, milione meno, e i 15 milioni eliminati da Hitler, noi italiani a stento siamo arrivati a seppellire un centinaio di oppositori, Matteotti compreso. Non parliamo poi dei deportati: una cosa è fare il prigioniero politico in Siberia, a venti gradi sotto zero, e un'altra essere confinato a Ponza o a Ventotene, dove, quando tutto manca, ci si può sempre fare un bel bagno.»

«Sì, d'accordo,» concede Alessia «ma allora diciamo che il fascismo è stato migliore sul piano climatico, non su quello ideologico. Comunque, a ragionare con i paradossi, in ogni cosa si trova sempre un lato positivo. Non per questo migrazioni di profughi, bombe atomiche e fascismi sono da considerarsi eventi positivi.»

«Ma restiamo in tema di paradossi» proseguo io imperterrito. «Del fatto che l'Italia abbia due milioni di miliardi di debiti, che pensi? Per te è un bene o un male?»

«Come fa a essere un bene?»

«Mia cara Alessia, tu in economia politica sei messa male e, tenuto conto che sei una bella ragazza, mi sembra anche giusto; ma un debito intanto è un debito, in quanto c'è un signore, chiamato creditore, che vuole indietro i suoi soldi. Ora, chi sono i creditori dell'Italia? Sono gli stessi italiani, e questi, fino a prova contraria, i soldi indietro non li vogliono: si accontentano degli interessi.»

«Sì,» obietta Alessia «ma prima o poi questi soldi dovranno pure essere restituiti.»

«Non è detto» rispondo. «Leggiamo piuttosto la notizia con il metodo del bicchiere mezzo pieno: in questi ultimi anni gli italiani, invece di scialacquare due milioni di miliardi di lire, li hanno messi da parte e li hanno investiti tutti in pezzettini di carta chiamati BOT e CCT, Fondi d'Investimento e via dicendo, ragione per cui io posso affermare che siamo il più grande popolo di risparmiatori che esista oggi in Europa. Peccato, piuttosto, che siano solo due milioni di miliardi di debiti: fossero stati tre sarebbe stato anche meglio.»

«Evviva!» è il commento divertito di Alessia.

«E della bruttezza che mi dici? Tu, per il momento, sei bella, ma, tenuto conto che anche tu tra una cinquantina d'anni diventerai brutta, sarai di certo meno felice di una tua amica che, invece, essendo stata brutta fin da piccola, sarà più allenata di te a convivere con la bruttezza. Come vedi, non è poi tanto un affare essere belli.»

«Adesso provo io a dirne uno» propone Alessia, a cui la prospettiva di diventare brutta non è piaciuta affatto. «È meglio, per una fanciulla, avere come fidanzato un ragazzo serio o uno scapestrato?»

«La risposta è fin troppo semplice» rispondo io, senza esitare. «È meglio fidanzarsi col primo e avere come amante il secondo. Il tutto, sia chiaro, contemporaneamente.»

«Voi dello spettacolo non avete senso morale: non avete capito, ad esempio, che per una donna il sesso è solo un aspetto secondario.»

«Questo me lo dici adesso. Aspetta ancora qualche annetto e poi, quando sarai diventata bruttina, ne riparliamo.»

Sulla politica

Caro Lucilio,

per me è in errore chi pensa che il saggio, per essere considerato tale, debba per forza opporsi al potere. Anzi, se l'uomo di cui stiamo parlando è davvero un saggio, andrà sempre d'amore e d'accordo con le autorità costituite. A nessuno, infatti, più che al filosofo, conviene che la vita sociale si svolga in modo sereno e tranquillo. La maggior parte degli uomini, invece, approfitta della minima turbativa per procurarsi dei vantaggi aggiuntivi: dimentica i favori che ha ricevuto, e tenta in ogni modo di strapparne altri a coloro che in quel momento sono al potere. Il filosofo, al contrario, abbandona a chi lo desidera il compito di reggere lo Stato, evita il Senato, i tribunali e tutte le altre attività pubbliche, per dedicarsi esclusivamente alla lettura e alla meditazione. Alla fine, cosciente di questo suo disimpegno, si sente debitore verso chi, al posto suo, si è preso l'incarico di mandare avanti il paese.

Come, tra i viaggiatori che hanno goduto di una navigazione tranquilla, i più riconoscenti a Nettuno sono coloro che trasportavano un carico prezioso, fatto di essenze odorose e di porpora, così il filosofo è grato alle autorità costituite di averlo fatto vivere in pace, lontano dalle guerre e dalle lotte civili. C'è infine da aggiungere che tutti questi beni, ovvero la serenità, la pace e il silenzio, non sono soltanto miei, ma appartengono a tutto il genere umano, né più né meno del sole e della luna.

Giove non è più potente di un uomo virtuoso. La sua superiorità consiste solo nel durare più a lungo, e come il Dio non invidia i mortali per i loro miserevoli obiettivi, così il saggio ha nei confronti dei beni materiali una giusta indifferenza e un altrettanto grande disprezzo. T'invito, allora, o amico mio carissimo, ad arrampicarti con me nell'alto dei cieli, tra le stelle, avvertendoti, però, che la via che abbiamo davanti è fatta essenzialmente di frugalità, di moderazione e di coraggio. Addio

tuo Lucio Anneo
(Sen-73)

Caro Lucio Anneo,

ho molto riflettuto sulla tua ultima lettera, e mi sono chiesto se sia più morale per il saggio impegnarsi in prima persona nella conduzione della res publica *o tenersi alla larga dalla politica.*

Io penso che se tu, un giorno, passeggiando per i Fori, vedessi un uomo crollare per terra, perché colpito da un improvviso malore, di certo lo aiuteresti ad alzarsi, e faresti di tutto per dargli una mano. Nel medesimo modo, se il tuo paese stesse per cadere e avesse bisogno del tuo aiuto, io non credo che glielo negheresti. Insomma, per dirla con altre parole, due sono i motivi che possono spingere un uomo a occuparsi dello Stato: o l'ambizione personale, o l'amore verso il prossimo. A questo punto l'atteggiamento del saggio, che si isola nella sua casa per leggere e meditare, può essere anche considerato diserzione. Ciò non toglie che il rispetto delle autorità, nell'uno e nell'altro caso, è sempre dovuto.

E a proposito dell'importanza delle leggi, come non ricordare quel bellissimo dialogo di Platone, dove il filosofo racconta della visita fatta da Critone a Socrate il giorno in cui doveva bere la cicuta. È l'alba: Critone invita Socrate a travestirsi e a scappare. «Sbrighiamoci,» gli dice «ho già pagato i tuoi carcerieri. Non dobbiamo fare altro che andare.» Ma Socrate si rifiuta di seguirlo e gli risponde: «Ti ringrazio, o Critone, per quanto stai facendo per me, ma se fuori dal carcere incontriamo le Leggi di Atene, e queste mi chiedono dove sto scappando,

magari travestito da femmina, io che cosa potrò mai risponde-
re?». Al che Critone gli ricorda che lui è stato condannato da
Leggi ingiuste, e Socrate subito lo blocca: «Le Leggi di uno Sta-
to non sono mai ingiuste, sono semplicemente le Leggi. Senza
di esse mio padre e mia madre non si sarebbero uniti, e io for-
se, per primo, non sarei mai nato. Pazienza se qualche volta gli
uomini sbagliano ad applicarle. L'importante è che vadano ri-
spettate in ogni situazione». Con queste riflessioni sul valore
delle Leggi, io adesso ti dico addio

tuo Lucilio

L'Uomo Qualunque

«Questa volta,» mi chiede Alessia «chi pensi che abbia ragione? Seneca o Lucilio?»

«In merito a cosa?»

«In merito all'impegno politico. Il saggio, a detta di Seneca, dovrebbe chiudersi in casa a leggere e a pensare. Secondo Lucilio, invece, dovrebbe scendere in campo per migliorare la vita dei suoi concittadini.»

«La domanda è delle più difficili e, comunque, la risposta cambia da epoca a epoca, e soprattutto da persona a persona. Nel '48, quando l'Italia era divisa su due fronti contrapposti, quello dello Scudo Crociato e quello del Fronte Popolare, scegliere uno schieramento piuttosto che un altro voleva dire far parte dell'Alleanza Atlantica o entrare nella sfera d'influenza sovietica. Votare, quindi, non era un *optional*, era un dovere. Oggi, invece, con due coalizioni politiche pressoché uguali, prendere posizione potrebbe anche essere superfluo. A questo punto diventa determinante la condizione fisica di chi vota. Nel mio caso, ad esempio, con una età che si avvicina ai settanta, e con i sei anni di vita che ancora mi assegna la statistica, cosa vuoi che mi possa importare se il ministro delle Poste è un signore che proviene dall'Ulivo o dal Polo? E allora finisco col dare il mio voto a Seneca: mille volte meglio chiudersi in casa a leggere e a meditare, che partecipare alle gare d'appalto del potere.»

«Ammetti, quindi, di essere qualunquista.»

«Lo dici come se qualunquista fosse sinonimo di depravato. Guglielmo Giannini, l'inventore dell'Uomo Qualunque, era un intellettuale di tutto rispetto: altro che Bossi! Il problema, piuttosto, non è tanto il qualunquismo, quanto l'avere il cuore spostato a destra o a sinistra.»

«E tu dove ce l'hai?»

«A destra quando il potere è a sinistra, e a sinistra quando il potere è a destra.»

«In pratica ti piace stare sempre all'opposizione.»

«Per forza: è molto più stimolante opporsi che appoggiare, in particolare quando hai la fortuna di vivere in un paese dove gli oppositori non vengono sbattuti in galera. A ogni modo, quando si desidera un governo di destra, conviene buttarsi a sinistra, né più né meno di come diceva Totò.»

«Questa proprio non l'ho capita» confessa Alessia.

«Allora seguimi: tutti i partiti di sinistra, non appena vanno al potere, si spostano progressivamente verso destra, e lo possono fare solo perché, essendo di sinistra, non vengono ostacolati più di tanto dai sindacati, che sono sempre di sinistra. Il che equivale a dire che solo un governo di sinistra può attuare una politica di destra. Lo so, sembra uno scioglilingua, ma è proprio così che stanno le cose.»

Sulla solidarietà

Caro Lucilio,

non c'è evento a questo mondo, favorevole o avverso, che appartenga a uno solo di noi. Quello che riguarda me coinvolge anche te, e quello che riguarda te coinvolge anche me, e quello che riguarda noi due finisce, prima o poi, col coinvolgere tutti gli altri; in altri termini, nessuno può essere felice se pensa solo a se stesso.

Ciò detto, o mio Lucilio, esiste una filosofia sociale che ci spinge a lavorare per il prossimo e che tende a sviluppare l'amicizia tra gli esseri umani. Chi la possiede è più predisposto degli altri a contrarre nuove amicizie. Il filosofo, infatti, intravede in ogni uomo un amico potenziale, laddove lo stolto non è in grado di riconoscere né l'uomo né l'amico, e finirà prima o poi col restare solo e dimenticato, e di conseguenza anche infelice.

A questo mondo c'è chi è più vicino degli altri al giorno fatale, chi è angustiato dalla povertà, chi ha paura di perdere le proprie ricchezze, e chi si tormenta perché invidia troppo le ricchezze altrui. Ognuna di queste debolezze può impedire a un individuo di correre in aiuto del proprio vicino di casa. Sono sicuro invece che non è questo il tuo caso: tu, un tempo, promettesti di soccorrere i malati, i naufraghi, i prigionieri, i poveri e tutti quelli sul cui capo stava per abbattersi la scure di Thanatos. Ebbene, sappi che costoro oggi ti tendono le mani nella speranza di rice-

vere un sostanziale aiuto. Vagano senza meta e ti pregano di illuminarli con la fiaccola della verità. Insegna loro che cosa la natura ha creato di necessario, e che cosa, invece, è da considerarsi un bene passeggero.

Concludo la mia lettera invitandoti a diffidare dei sofisti e di tutti coloro che con ragionamenti troppo astrusi vogliono allontanarti dalla retta via. Sappi che all'onestà si addice un linguaggio semplice e chiaro, e che non è bello sprecare il proprio tempo per imparare cose inutili e dannose. Addio

tuo Lucio Anneo
(Sen-48)

Caro Lucio Anneo,

nella tua ultima lettera m'inviti a essere più solidale col prossimo e a stringere quante più amicizie sia possibile allo scopo di aiutare i poveri, i malati e gli storpi. Ebbene, cosa vuoi che ti dica? Come si fa a non essere d'accordo con un amico che fa questi discorsi? Malgrado i tuoi saggi consigli, però, la Dea Solidarietà a volte prende altre strade, e finisce col venire in aiuto ai più bisognosi, sfruttando addirittura le iniziative degli egoisti. Cito come esempio il caso del nostro comune amico Settimio Druso. Chi lo conosce bene (e tu lo conosci benissimo) sa che Settimio tutto è tranne che un uomo misericordioso: manderebbe sua madre a elemosinare nei quadrivi se solo la cosa potesse tornargli utile. Eppure, malgrado tutta questa avidità, nessun romano negli ultimi anni ha creato più benessere di Settimio Druso. Le sue cave di marmo hanno dato lavoro a centinaia e centinaia di uomini, i suoi traffici in Oriente hanno arricchito più di una generazione di naviganti, e tutti, dico tutti, fanno a gara per salutarlo quando lo incontrano nei Fori. Perfino i suoi schiavi se la passano meglio degli schiavi di qualsiasi altro cittadino romano.

Per concludere, Settimio Druso è un grande egoista e nel contempo è un eccezionale benefattore, giacché ha finito per produrre un'enorme quantità di benessere. Per quanto grande, infatti, possa essere stato il suo appetito, non è mai riuscito, da solo, a mangiare tutto quello che ha prodotto, ragione per cui, alla fine, scopriamo che è stato più utile al popolo un egoista come Settimio Druso, che non un sant'uomo che ha adottato come stile di vita la povertà, e che ha diviso il suo mantello col prossimo. Addio

tuo Lucilio

Egoismo e solidarietà

«Se non fossero firmate,» commenta Alessia «queste due lettere potrebbero essere state scritte rispettivamente da due ideologi dei nostri giorni.»

«Senza dubbio» aggiungo io. «Il primo, di matrice marxista, sarebbe più vicino a Seneca, e commetterebbe l'errore di sottovalutare la positività dell'egoismo, e il secondo, di estrazione capitalista, la penserebbe esattamente come Lucilio, e finirebbe col trascurare i benefici della solidarietà. Ebbene, perché tu te ne renda conto, sono proprio questi due sentimenti-base a regolare l'economia di un paese: l'egoismo con la sua spinta a guadagnare sempre di più, e la solidarietà con la sua fissazione a proteggere comunque i più deboli. Il Prodotto Interno Lordo e il Mercato sono figli dell'Egoismo, laddove le Pensioni, la Cassa Integrazione e l'Assistenza Sanitaria sono figlie della Solidarietà. Solo una giusta mescolanza di questi due princìpi può dar luogo al cosiddetto buon governo.»

«Tu, allora, voteresti per un partito misto: metà di destra e metà di sinistra.»

«Il problema, Alessia mia, non è la destra o la sinistra, ma le proporzioni. Fosse per me, io metterei al posto delle cabine elettorali altrettante cabine munite di doccia, e tutte con due manopole, una per l'acqua fredda, con su scritto Egoismo, e una per l'acqua calda, con su scritto Solidarietà. L'elettore dovrebbe girare entrambe le manopole e, a forza di provare e riprovare, far venir fuori l'acqua giusta. Il tutto, sia chiaro, senza metterci mai troppa emotività.»

«Se pensi che sia tutto così facile,» ride Alessia «perché non fondi il partito della Doccia? Potresti chiamarlo PAT, il Partito dell'Acqua Tiepida.»

«Perché non è per niente facile. C'è un terzo incomodo che scombina tutto, ed è il Potere, figlio degenere del sano Egoismo. Se il governo dell'acqua giusta non ha previsto la libidine del Potere, le cose si mettono subito male. È quello che è successo in Unione Sovietica e in Cina. Con la scusa della solidarietà sventolata come bandiera, chi stava sul ponte di comando ha cercato di far fuori tutti i possibili oppositori, e a questo punto qualsiasi distinguo sulla natura di una rivoluzione va a farsi benedire. Non c'è destra o sinistra che tenga: la dittatura è dittatura indipendentemente dalle ragioni che l'hanno portata al governo.»

Sulla forma

Caro Lucilio,

mi scrivi di aver iniziato con molto interesse la lettura dei libri di politica di Fabiano Papirio e di esserne rimasto un pochino deluso. Da quanto ho capito, non ti piace il suo modo di esporre le idee. Me lo definisci troppo semplice, troppo elementare e quindi poco ricercato. Ho paura, però, che tu confonda la scorrevolezza con la banalità. La prosa di Papirio, infatti, ha una sua caratteristica peculiare che consiste soprattutto nell'andare diritto allo scopo, che poi, come metodo, sarebbe quello di trattare un argomento per volta e sempre con la massima chiarezza: fluisce ma non straripa, è ordinato ma non ricama, e nel contempo ha un suo fascino. Comunque, anche prendendo per buone le tue critiche sullo stile, non puoi negare che i libri di Papirio hanno sempre un alto contenuto morale.

La ricercatezza dello stile non si addice all'uomo saggio, giacché, a differenza del poeta, il filosofo antepone l'insegnamento ai piaceri dell'emozione. E, comunque, pur essendo la sua prosa estremamente semplice, non risulterà mai volgare. Le frasi di Fabiano Papirio, infatti, sono scelte una per una, e mai ricercate, come invece capita, fin troppo spesso, a tanti nostri intellettuali, il cui vero obiettivo non è tanto quello di insegnare quanto quello di meravigliare. I suoi pensieri sono sempre sintetici, mai pretenziosi, dal momento che una casa può essere bella da visitare, anche se non ha una sovrabbon-

danza di marmi e di oggetti preziosi. L'importante è che sia funzionale.

Sullo stile, infine, le opinioni sono quanto mai diverse. C'è chi preferisce la prosa rozza, senza fronzoli, fatta solo di parole semplici, e chi va matto per quella contorta, dove anche le espressioni più banali sono di difficile interpretazione. Non è comunque il caso dei grandi autori. Prendi, ad esempio, Cicerone: la sua prosa è sempre stata chiarissima, diretta e scorrevole; non ricorre mai a ricercatezze eccessive. Evidentemente il grande oratore non sentiva il bisogno di stupire, al contrario di Asinio Pollione che ogni volta che scrive è sempre involuto e spezzettato.

Ma tornando a Fabiano Papirio, il suo stile non è mai pedestre, è solo pacato, e ci dà un'immagine dell'autore come di una persona equilibrata. Certo, gli manca la vivacità tipica dell'oratore di successo, che poi si manifesta nella grandiosità dei vocaboli, tipici della tragedia. Ciò non toglie, però, che proprio questo suo esporre le idee in modo calmo e razionale finisca per essere molto più convincente di una lezione tutta protesa a suscitare stupore. Addio

tuo Lucio Anneo
(Sen-100)

Caro Lucio Anneo,

la tua ultima lettera, sullo stile di Fabiano Papirio, mi ha spinto a rileggere tutte le lettere che mi hai spedito in questi ultimi anni, e così facendo ho scoperto che, malgrado la varietà degli argomenti trattati, in esse c'è sempre un discorso di ordine morale. Ti comporti, in pratica, come se il lato estetico della vita non esistesse, e come se l'unico aspetto che conta fosse quello etico. Solo così si spiega perché, nell'esaminare i testi di Papirio, non ti sei mai posto la domanda se il suo stile sia o non sia piacevole da leggere, ma solo se sia o non sia utile ai lettori. In altre parole, per te i contenuti sono di gran lunga più importanti della forma, e quindi, in ultima analisi, anche dell'arte.

Ora, per favore, rispondi a questa semplice domanda: sei convinto che la lettura sia uno dei massimi piaceri della vita? E se ne sei convinto, come puoi preferire un autore modesto, e tutto sommato prevedibile, come il tuo Fabiano Papirio a uno folle e immaginifico come Asinio Pollione? Pazienza se, a volte, gli scritti di quest'ultimo sono di difficile interpretazione, resta il fatto che anche le sue opere minori stimolano la fantasia e ti fanno viaggiare in territori sconosciuti dove, magari, non avresti mai pensato di mettere piede. Per quanto mi riguarda, infatti, trovo il primo ovvio e scontato, e il secondo inatteso e stimolante, anche se poi, alla fin fine, non ne condivido le idee. Tu, invece, ne fai quasi una questione dogmatica: per te leggere Fabiano Papirio o Asinio Pollione è una scelta di campo. Ebbene, in proposito vorrei tranquillizzarti: le mie letture sono le più varie possibile. Leggo di tutto, non solo Asinio Pollione ma anche Ovidio, Cicerone e Orazio. Il mio autore preferito, però, resta comunque quel tale Lucio Anneo Seneca che tu conosci benissimo, e che io apprezzo anche quando le nostre idee divergono. Addio

tuo Lucilio

Saggistica o narrativa

«Caspita!» esclamo, dopo aver letto la risposta di Lucilio. «Eccoci in piena disputa letteraria. Ancora oggi, sulle terze pagine dei quotidiani, si discute se in un testo sia più importante la forma o il contenuto, e qui mi sembra di capire che, a differenza di Seneca, Lucilio fosse tutto per la forma.»

«E tu che tipo di scrittore sei?» mi chiede Alessia. «Di forma o di contenuto?»

«Beh, come tutti del resto, mi piacerebbe esprimere i miei pensieri al meglio possibile, ma se proprio mi costringessero a fare una scelta, temo che opterei per i contenuti, pur sapendo che la critica bada soprattutto alla forma. La verità è che come prima cosa bisognerebbe stabilire se uno scrittore sta facendo della narrativa o della saggistica. Nella prima, dovendo comunicare essenzialmente delle emozioni, la forma è di sicuro più importante. Nella seconda, invece, grazie a Dio, prevalgono i contenuti, e di conseguenza anche la capacità di divulgare.»

«Ma che vuol dire divulgare?»

«Vuol dire spiegare con parole semplici le cose complicate, cercando di usare il linguaggio di chi legge e non quello di chi scrive. La maggior parte degli accademici, invece, scrive come se i lettori fossero tutti loro colleghi. Ora, ognuno di noi, quando parla, cambia il proprio linguaggio a seconda della persona che ha davanti. Se parlo a un bambino di cinque anni mi esprimo in un modo, se con un ingegnere in un altro, e se con un idraulico che mi è venuto ad accomodare i tubi del bagno in un altro ancora. Quindi, il primo problema per chi si rivolge a un pubblico molto vasto è quello di trovare un linguaggio intermedio che possa essere capito dal maggior numero di lettori.»

«Tu, però, scrivi di saggistica, non di narrativa. O sbaglio?» chiede ancora Alessia. «Te lo domando perché a volte trovo i tuoi libri nelle classifiche di vendita della saggistica e altre volte, invece, in quelle della narrativa.»

«Potessi decidere io, vorrei stare nella "saggistica narrata" o, meglio ancora, nella "narrativa saggia". Alla fine, però, gli addetti ai lavori, non sapendo dove sbattermi, mi schiaffano nella Varia, anzi, nell'Avaria, quella con l'apostrofo davanti.»

Sui maestri

Caro Lucilio,

non so se ci hai mai fatto caso, ma spesso veniamo attratti da una forza negativa che ci spinge verso una direzione sbagliata. Come fare a resisterle? Per Epicuro esistono due categorie di uomini: quelli che ce la fanno da soli (e lui per questo li loda) e quelli, come il suo amico Metrodoro, che hanno bisogno dell'aiuto di un maestro. Ebbene, perché negarlo: noi due apparteniamo a questa seconda categoria, ma non per questo dobbiamo sentirci mortificati. È già qualcosa che siamo disposti ad ammetterlo. Poi ci sarebbe una terza categoria, neppure questa da disprezzare, formata da quelli che, per procedere nella direzione giusta, hanno bisogno di essere continuamente sorretti durante il percorso, e magari anche costretti con la forza. Epicuro, a tale proposito, cita il giovane Ermarco e aggiunge: «In verità, io lo apprezzo più di Metrodoro, giacché va lodato soprattutto colui che ha incontrato maggiori difficoltà nel cammino». Supponiamo, ad esempio, di dover costruire due edifici: il primo su un terreno molle e acquitrinoso, e il secondo su un terreno asciutto e resistente. Sarà di certo più meritevole di lodi il primo costruttore se, alla fine dell'opera, avrà eretto un edificio ugualmente affidabile.

La nostra strada è disseminata di ostacoli. Ecco perché abbiamo bisogno di un maestro. Ma chi chiamare? L'aiuto ci può venire sia da una persona che stimiamo da sempre, sia da qualcuno che non è più di questo mondo. Leggendo le sue opere, infatti, potremo avere dei notevoli benefici. Attenzione, però, a chi affidare la guida del nostro animo e, in particolare, a quelli che sono soliti sommergerci sotto un diluvio di parole. Meglio lasciarsi guidare da chi ci offre degli esempi pratici, che non da un magniloquente principe del Foro. Nessuno, infatti, è più pericoloso dell'esibizionista che va in cerca di applausi. E anche gli allievi, dal canto loro, dovrebbero osservare un rispettoso silenzio. Alla scuola di Pitagora i discepoli erano obbligati a tacere per almeno i primi cinque anni, prima di poter porre delle domande. «Gli schiamazzi e gli applausi,» era solito ripetere il maestro, «riservateli agli attori quando andate a teatro.»

Ciò detto, o mio caro Lucilio, quando ascolti un oratore, osservalo con attenzione: da certi piccoli gesti, a volte anche involontari, potrai scoprire se il suo vero obiettivo è quello di distribuire la saggezza o di meravigliare il prossimo. Spesso è il suo modo di camminare col petto in fuori, o l'agitare delle mani in aria, o l'aggiustarsi di continuo i capelli, o il guardare il pubblico dall'alto in basso, a farti capire che hai a che fare con un parlatore torrenziale. Ricordati, allora, che l'eloquenza è nociva se piace troppo a se stessa.

L'argomento meriterebbe uno spazio maggiore, motivo per cui io ora lo sospendo, salvo poi riprenderlo non appena mi sarà possibile. Per il momento, però, accontentati di sapere che tanto il maestro quanto i discepoli vanno giudicati in funzione dei risultati e della misura. Addio

tuo Lucio Anneo
(Sen-52)

Caro Lucio Anneo,

sulla necessità di avere un buon maestro che di volta in volta ci indichi la strada giusta, non ho dubbi: è il migliore augurio che si possa fare a un giovane che si affaccia alla vita. Ma ti dirò di più: anche in amore potrebbe essergli utile avere accanto un valido insegnante.

A volte noi ci scandalizziamo se in un rapporto amoroso c'è una grande differenza di età tra gli amanti, laddove, invece, dovremmo esserne felici. Se, infatti, oltre ai soliti scambi sessuali, ci fossero anche dei trasferimenti di saggezza, perché gridare allo scandalo? E dal momento che siamo entrati in argomento, che importa se a coprire il ruolo di maestro sia il maschio o la femmina? L'importante è che tra i due ci sia sempre una sostanziale differenza di età, tale da permettere quel tanto auspicato passaggio di saggezza. Ora, per scendere nei dettagli, se si desidera che venga fuori la componente pedagogica, ci dovrebbero essere almeno quindici anni di differenza in ogni coppia, non importa se a favore dell'uomo o della donna. La medesima cosa, ovviamente, è auspicabile nei rapporti tra due uomini. Anzi, potrebbe essere proprio questo il caso in cui la presenza del maestro diventa un requisito indispensabile. A mio modo di vedere, infatti, ogni adolescente, una volta raggiunta l'età puberale, dovrebbe scegliersi tra gli amici di famiglia un buon maestro, che contemporaneamente lo avvii sulla strada dell'eros e su quella della ragione. Valga per tutti l'esempio di Socrate.

Il sommo ateniese aveva nella sua scuola molti allievi con cui scambiava, contemporaneamente, nozioni di filosofia e di sesso. Pausania, Agatone e Fedro, tanto per fare dei nomi, di giorno lo seguivano per le strade di Atene, pendendo dalle sue labbra, e di notte s'infilavano tra le sue lenzuola. E quando il vergognoso Alcibiade, nel Simposio, *lo accusa di averlo buttato giù dal letto, Socrate gli risponde testualmente: «O mio caro Alcibiade, tu vorresti barattare la tua bellezza con il mio sapere, sempre ammesso che io lo possegga. Ma come fai a non renderti conto che mi stai proponendo uno scambio tra il bronzo e l'oro? Come pensi che io possa accettare una simile proposta?».*

Ebbene, ti confesso, o mio Lucio Anneo, che malgrado la mia predilezione per le donne, anch'io sarei stato felice di andare a letto con Socrate, pur di averlo come maestro. Anche se poi, volgendomi al passato, non mi posso di certo lamentare: da giovane ho avuto la fortuna di avere te come guida, così come tu, a tua volta, hai avuto quella del grande Sozione. Addio

tuo Lucilio

Il maestro e l'allieva

«Secondo me,» commenta Alessia «questa lettera di Lucilio ti deve essere piaciuta moltissimo.»

«Che intendi dire?»

«Che la tua vera aspirazione nella vita è quella di fare il maestro, e di farlo in tutti i sensi, nella vita e nell'amore.»

«Intravedo una certa malizia in quello che dici» replico io, alquanto risentito. «Che, però, io provi piacere nel dividere con gli altri quello che ho imparato, è vero: non a caso faccio il divulgatore. Questo, però, non vuol dire che pretendo di andare a letto con tutti quelli a cui insegno qualcosa.»

«Con le allieve sì, però. Almeno con quelle carine.»

«E dàlli! Questa sera sei davvero insopportabile. Tu, tanto per dirne una, sei carina, e non mi sembra di averti mai fatto proposte indecenti.»

«Che c'entra: io ti servo come consulente per gli scavi. Con me non puoi rischiare. E poi io sono convinta che tu non mi vedi come donna.»

«Questo lo dici tu. Io potrei pensarla diversamente.»

«Ma secondo te,» chiede ancora Alessia «Seneca e Lucilio andavano a letto insieme? Quando Lucilio, alla fine della sua lettera, dice che da giovane ha avuto la fortuna di aver avuto Seneca come maestro, non allude forse a qualcosa del genere?»

«Non mi meraviglierei più di tanto. A quell'epoca era normale che un maestro avesse rapporti sessuali con gli allievi. Tu, piuttosto, con Enrico come sei messa? Lo consideri un maestro?»

«A volte sì e a volte no. Altre volte, invece, ho l'impressione di essere io la maestra.»

«E non pensi che, almeno per certe cose, potresti avere come maestro Aldino?»

«Senti, chiariamo una volta per tutte questa faccenda di Aldino: io, quello lì, l'ho visto un paio di volte in tutto, e ho sbagliato a parlartene. Lui mi ha fatto due proposte oscene che io, però, ho sempre rifiutato. Non capisco perché me lo tiri sempre in ballo. Se poi vogliamo tornare al tema dei rapporti pedagogici, una bella accoppiata maestro-allievo potrebbe essere, invece, quella di Enrico con Aldino. Ognuno dei due potrebbe insegnare qualcosa all'altro. Solo che lo dovrebbero fare a turno.»

«E tu, uno di questi giorni, fàlli incontrare. Chissà che non ti liberi di tutti e due in una botta sola!»

Sulla conversazione

Caro Lucilio,

hai proprio ragione a pretendere che tra noi due ci si scriva più spesso. È l'unico modo che abbiamo per comunicare, e il comunicare tra amici è un piacere di gran lunga più utile dell'ascoltare i discorsi forbiti degli oratori che si esibiscono ai Fori. Questi ultimi saranno anche più spettacolari, ma i loro interventi urlati non avranno mai quella familiarità delle conversazioni fatte in casa tra persone che si conoscono da anni e che si vogliono bene. Ora, essendo la filosofia, prima di ogni altra cosa, un insieme di consigli, non vedo come la si possa impartire contemporaneamente a più persone diverse, in particolare, poi, quando queste persone sono più di un centinaio. Ma non basta: i consigli, quelli veri, vengono sempre dati a bassa voce. Essi, infatti, debbono penetrare all'interno dell'animo in punta di piedi, per poi restare nascosti e uscire allo scoperto al momento opportuno. Per renderli, infine, ancora più efficaci, non c'è neanche bisogno di abbellirli con parole ad effetto. È come gettare a terra dei semi: se il terreno è quello giusto, non impiegheranno molto tempo ad attecchire. Lo stesso accade con le regole morali: se sono davvero valide cresceranno in fretta, a patto, però, che il nostro interlocutore abbia al suo interno le qualità idonee per farle crescere. Ora, a essere sinceri, non sono molte le verità che meritino di essere dette, pur tuttavia la loro possibilità di fare proseliti è stretta-mente legata a colui che parla, e soprattutto a colui che ascol-ta. Addio

tuo Lucio Anneo
(Sen-38)

C<small>ARO</small> L<small>UCIO</small> A<small>NNEO</small>,

la conversazione è davvero alla base della nostra civiltà. Non so se ci hai fatto caso, ma molti dei grandi ingegni nati in Grecia appartenevano allo stesso secolo, quello di Pericle, e a volte perfino allo stesso territorio. Ma non basta: da quanto racconta Platone, pare che costoro fossero soliti incontrarsi ogni mattina nell'agorà. A questo punto, è anche facile sup-porre che, incontrandosi, si salutassero e, almeno ogni tanto, conversassero tra loro. Bada bene, non sto parlando solo dei filosofi, e cioè di Socrate, Platone, Aristippo, Melisso, Gorgia, Antistene, Democrito e Anassagora, che in quanto filosofi avranno avuto di sicuro una certa predisposizione al dialogo, ma anche degli storici, come Erodoto, Tucidide e Senofonte, o degli artisti come Fidia, Mirone, Ictino, Policleto e Zeusi, o dei commediografi come Aristofane, o dei tragici come Sofo-cle ed Euripide, o dei medici come Ippocrate, o dei politici come Pericle e Alcibiade, o degli oratori, come Lisia e Trasi-maco.

A mio modo di vedere, le idee dell'uno colpivano la mente dell'altro per poi tornare indietro amplificate e, così facendo, ognuno di loro tornava a casa ogni volta più saggio. Ecco per-ché mi sono convinto che gli uomini d'ingegno, a qualsiasi epoca essi appartengano, dovrebbero continuamente incon-trarsi per conversare e arricchirsi a vicenda, oppure, se abita-no in paesi lontani, come purtroppo capita a noi, scriversi spesso.

Chiudo dicendo che la conversazione è utile anche quan-do avviene tra due persone di qualità diverse. Capita, infatti, che colui che insegna, proprio per rendere la sua lezione più alla portata di chi lo ascolta, finisca per chiarire anche a se stesso le nozioni che va insegnando. Quante volte, infatti, parlando a un gruppo di allievi, mi sono reso conto che certe mie intuizioni potevano essere meglio approfondite, e quante volte le domande di un allievo, magari ingenue, mi hanno costretto a rivedere certe posizioni assunte in passato. Addio

tuo Lucilio

La Risonanza Creativa

«Lo sai come si chiama questo fenomeno di cui parla Lucilio?» chiedo ad Alessia. «Si chiama Risonanza Creativa, ed è alla base di tutti i momenti più fecondi dell'umanità.»

«Quali, per esempio?»

«I più noti sono il Rinascimento in Italia e l'Illuminismo in Francia. Ma anche in Austria, all'inizio del secolo, c'è stato un momento particolarmente felice per tutto il genere umano: i geni spuntavano come funghi da tutte le parti e in tutte le professioni.»

«I geni? In Austria? Quali geni?»

«Basta pensare a tutti quelli nati a Vienna verso la fine dell'Ottocento. Sto parlando di Schönberg, di Webern, dei due Strauss, di Klimt, di Adler, di Otto Wagner, di Schiele...»

«Schiele? Chi era Schiele?»

«Un pittore nato a Vienna che dipingeva solo donne nude. Poi ci sarebbero quelli nati nelle vicinanze e precisamente Musil, Mahler, Hoffmann, Roth e Freud. Ora, questi sono solo i primi nomi che mi vengono in mente, ma chissà quanti altri artisti sono nati e cresciuti da quelle parti.»

«Insomma, se ho ben capito, nella vita bisogna scegliersi le compagnie giuste. Guai a frequentare gli stupidi! Il che equivale a dire che sia la genialità sia la stupidaggine possono essere contagiose.»

«Il peggio che ci può capitare, però, è di passare la vita davanti a un video. In quel caso la creatività va a farsi benedire e diventiamo tutti soggetti passivi. Attenti, quindi, alla televisione e soprattutto ai computer. Per crescere abbiamo sempre bisogno di un altro essere umano con cui confrontarci, ed è difficile confrontarsi con uno show del sabato sera, o con un giochino informatico. Questi ultimi, poi, sono le peggiori perdite di tempo che si possano immaginare. Meglio un amante diverso ogni notte che un solitario elettronico o una telenovela della serie "Beautiful". Per quanto rozzo possa essere l'amante, sarà sempre meglio di un gioco virtuale.»

«E noi due, secondo te,» mi chiede ancora Alessia, con una punta di malizia «un po' di Risonanza Creativa l'abbiamo fatta o no?»

«Secondo me, non abbastanza.»

Sul pudore

Caro Lucilio,

ho incontrato quel giovane di cui un giorno mi parlasti, e ti dirò che fin dalle prime battute mi è sembrato una persona di animo nobile, ricca d'ingegno e di alte virtù. L'incontro, ti dirò, è stato fortuito, e questo lo ha reso ancora più significativo dal momento che il ragazzo ha dovuto improvvisare quasi tutte le sue risposte. Ancora di più, quindi, era da lodare. Nel tentativo, però, di concentrarsi, non è riuscito a controllare quell'intimo imbarazzo che prende di solito una persona che non è abituata a parlare in pubblico: il suo viso, infatti, a un certo punto si è coperto di rossore. Ebbene, sono convinto che codesto rossore lo accompagnerà a lungo nella vita, anche quando, superati i primi impatti con il prossimo, diventerà un uomo completamente saggio.

Esistono persone che di fronte a una moltitudine si sciolgono in sudore, in pratica come se facesse caldo, e altre a cui si piegano le ginocchia solo perché sono state costrette a prendere la parola in pubblico. Altre ancora battono i denti, e altre, invece, hanno la lingua impastoiata come se avessero masticato chissà che cosa. Sono tutti inconvenienti legati alla timidezza, che si riescono a vincere solo con l'abitudine. Essi, però, sono anche indice di una grande sensibilità che non va certo sottovalutata. In genere la si riscontra nei giovani che hanno il sangue caldo e le guance delicate, ma non è poi così raro il caso di

157

una persona anziana che arrossisce alla minima provocazione. È una dote che si chiama «pudore».

Silla era particolarmente violento quando il sangue gli andava alla testa, e Pompeo, malgrado la forza d'animo interiore, arrossiva spesso davanti a una moltitudine, in particolare se stava per iniziare un discorso. Ricordo anche il mio maestro Fabiano Papirio, che era solito arrossire ogni qualvolta prendeva la parola in Senato. Tra l'altro, questa sua debolezza finiva con aumentargli il prestigio agli occhi di tutti.

Gli attori, che per mestiere sono soliti rappresentare i più disparati sentimenti, tra cui l'ira e il timore, quando debbono interpretare la timidezza risolvono il problema abbassando la testa e tenendo gli occhi fissi per terra. Non riescono, in pratica, ad arrossire in pubblico, il che è come dire che il rossore non può essere né represso né provocato, essendo una manifestazione dell'animo del tutto indipendente dalla volontà.

Volendo concludere, eccoti un consiglio: «Apprezza gli uomini onesti anche quando sono timidi, e agisci come se ci fosse sempre qualcuno che ti stia osservando». Questo è un insegnamento del grande Epicuro che non puoi certo ignorare. Quanti delitti in meno ci sarebbero se, quando stiamo per commetterli, ci fosse qualcuno a guardarci! Felice colui che con la sola immaginazione riesce a correggersi. Scegliti allora, o mio Lucilio, un testimone immaginario, un Catone, o quanto meno un Lelio, e opera come se la sua ombra ti seguisse ovunque. Addio

tuo Lucio Anneo
(Sen-11)

Caro Lucio Anneo,

ho letto con attenzione la tua lettera sul pudore e temo, ancora una volta, di non essere d'accordo con te. Forse tu sei troppo ottimista. Il caso del mio giovane amico che arrossisce a qualsiasi domanda è per l'appunto un caso, non è la regola. I giovani d'oggi sono molto più spregiudicati di quanto tu possa immaginare: non arrossiscono davanti a nulla. Non parliamo *poi delle donne: il pudore non sanno nemmeno più cosa sia. Vicino ad Agrigento ho assistito, personalmente, a delle scene a dir poco inverecondo. Alcune ragazze, sì e no ventenni, malgrado fossero donne, s'immergevano in mare coperte solo da due pezzi di stoffa, uno intorno al seno, e uno intorno ai fianchi, senza per questo sentirsi minimamente imbarazzate dalla presenza di numerosi maschi che stavano lì impalati a guardare. Altro che rossore! Eravamo di fronte a uno spettacolo degno in ogni particolare del peggiore postribolo della Suburra. Un mio amico ceramista, tale Servilio, le ha volute ritrarre su una tavoletta di cera, per poi riprodurle in un mosaico che ha intenzione di comporre in una villa patrizia a Piazza Armerina, un paesello non molto lontano da dove abito io per la villeggiatura.*

Per quanto poi riguarda il rossore, non mi sembra che ci sia un solo argomento in grado di provocarlo. I giovani ormai parlano di tutto, e solo se vedono avvicinarsi un anziano cambiano discorso, probabilmente per non metterlo in imbarazzo o, magari, per non farlo arrossire. Giorni fa un ragazzo si vantava di aver avuto non so quanti incontri erotici con ragazze del luogo e, ogni volta, nel citarle, faceva il nome delle loro famiglie. La mia teoria è che tutto questo sia iniziato con la conquista della Grecia. Il popolo romano un tempo non era così: era austero, e solo il contatto con i costumi dei greci lo ha trascinato verso il basso. Speriamo che in futuro questo scadimento possa finire e che ritornino quanto prima i tempi di Catone. Addio

tuo Lucilio

La caduta
dell'Impero romano

«Erano davvero così bacchettoni gli antichi romani?» mi chiede Alessia.

«Non puoi immaginare quanto. D'altra parte, per conquistare un impero vasto come quello che avevano messo insieme loro in meno di un secolo, era indispensabile avere un carattere rude e senza compromessi. Si racconta che quando il console Mummio, insieme al bottino di guerra, portò via da Corinto una collezione di quadri erotici, in pratica una specie di *Kamasutra* dell'epoca, i romani trasecolarono per la vergogna. Ce ne fu uno in particolare che colpì la loro fantasia: era un dipinto intitolato: "Laddove si vede Atalanta dar con la bocca piacere a Meleagro". Ebbene, non ci crederai, ma lo choc fu enorme: "Allora," dissero gli austeri cittadini di Roma "si può fare anche questo!".»

«Non mi dire che non lo facevano già!»

«No che non lo facevano, ed è per questo che erano austeri. Comunque, sarà stata una coincidenza, certo è che da quel momento iniziò la decadenza dell'Impero romano. Gli storici riportano l'aneddoto con la frase: *"Graecia capta ferum victorem cepit"*, ovvero "la Grecia conquistata conquistò il barbaro vincitore".»

«Sì, adesso l'Impero romano è caduto per colpa di un dipinto! Tu mi stai raccontando la storia come me la racconterebbe Tinto Brass!»

«Ma perché, con Clinton non stava per succedere la stessa cosa? Anche lì c'erano in ballo le sorti di un impero, e anche lì c'è stato uno scandalo a luci rosse.»

Alessia, però, mi sembra poco convinta. Lei, purtroppo, è passata direttamente dall'educazione scolastica al fidanzamento con il papirologo e io, a tale proposito, le faccio una domanda diretta: «Ma è vero che il tuo Enrico diventa rosso ogni due minuti?».

«E tu come fai a saperlo?» risponde lei stupita. «Qualsiasi accenno al sesso, anche se sfumato, lo accende come un lampioncino. Il problema, come sempre, è suo zio monsignore:

lo ha talmente condizionato con questa storia dei voti che, malgrado tutta la sua intelligenza, non riesce ad affrontare certi aspetti naturali della vita.»

«Aldino, invece...?»

«Aldino non sa nemmeno che cosa sia il pudore. Giorni fa, per telefono, dopo avermi invitato per l'ennesima volta a trascorrere un week-end con lui, mi ha chiesto senza mezzi termini: "Non è che per caso hai le tue cose proprio sabato prossimo?".»

«Beh, bisogna ammettere che è sincero.»

Sui viaggi
e sui viaggi di mare

Caro Lucilio,

ti meravigli di esserti annoiato durante i tuoi ultimi viaggi e sei convinto che sia una cosa capitata solo a te. Ebbene, sappi che non sei l'unico: a tutti succede di annoiarsi viaggiando. Non è il cielo che abbiamo sulla testa che dobbiamo cambiare, ma l'animo con cui ci siamo messi in cammino. Diceva Socrate a chi si lamentava dei viaggi: «Perché ti meravigli tanto se ti sei annoiato? Portando dietro te stesso, hai finito col viaggiare proprio con quell'individuo dal quale volevi fuggire», e il nostro Virgilio aggiungeva: «Anche se attraversassi tutto l'Oceano i tuoi vizi ti seguirebbero ovunque».

Che giovamento pensi di trovare nella varietà dei paesaggi, quando tu, al tuo interno, non sei cambiato in nulla? Partire, viaggiare e tornare: è stato tutto uno sballottamento inutile. Ora, perché tu te ne possa rendere conto, a far diventare faticoso il viaggio è stato proprio il carico che ti sei portato dietro. È come quando, su una nave, i bagagli non sono ben fissati, per cui alla minima mareggiata finiscono con lo scivolare da prua a poppa, o da bordo a babordo, mettendo in pericolo la stessa stabilità dell'imbarcazione. L'importante, insomma, non è tanto conoscere la meta dove si vuole arrivare, quanto il porto dal quale si è partiti e, soprattutto, il carico con il quale ci si è messi in viaggio. La felicità, ricordalo, non ha una patria: la puoi trovare ovunque, e non saranno certo i luoghi o gli uomini che ti stanno intorno a influenzare i tuoi stati d'animo. Socrate convisse tranquillo e sereno con i Trenta Tiranni, e non mi sembra che costoro lo abbiano condizionato più di tanto.

Concludo, come sempre, pagando un piccolo tributo a Epicuro: «La conoscenza dei propri difetti è il presupposto indispensabile per ogni guarigione». Chi ritiene di stare sempre nel giusto non sarà mai in grado di correggersi. Ciò detto, o mio caro Lucilio, segui il consiglio di uno che ti vuole bene: esercita come prima cosa la funzione di accusatore, poi quella di difensore, e per ultima quella di giudice. Alla fine, una volta conosciuto il verdetto, accettalo con animo sereno. Addio

tuo Lucio Anneo
(Sen-28)

Caro Lucilio,

salpai da Napoli col mare calmo: dovevo andare a Pozzuoli. Il cielo, in verità, era coperto di nuvoloni, ma, data la brevità del viaggio, non me ne preoccupai più di tanto. E invece accadde che, appena fuori Nisida, scoppiò una tempesta d'inaudite proporzioni. Le onde erano così alte che più di una volta superarono le murate. Pregai allora il capitano di sbarcarmi in un punto qualsiasi, ma lui mi rispose che in quel tratto di mare le coste erano così frastagliate che non avremmo mai trovato un approdo sicuro. In tutto questo, pur non riuscendo a vomitare, fui preso da un terribile mal di mare. Insistei allora col capitano e alla fine riuscii a convincerlo, se non proprio ad approdare, almeno ad avvicinarsi quel tanto che mi avrebbe permesso di raggiungere la costa a nuoto. E fu così che, non appena vidi una piccola insenatura, mi gettai in mare avvolto in un mantello, come si addice a chi è solito farsi dei bagni freddi.

Immagina un po' quello che ho dovuto soffrire mentre mi arrampicavo sugli scogli! Solo allora mi resi conto per quale motivo i naviganti temono tanto le coste durante le tempeste. Comunque, una volta all'asciutto, attesi che mi passasse il mal di mare, malanno che come tu ben sai non cessa subito quando si giunge sulla terraferma. Poi mi sentii salire addosso una leggera febbriciattola, ed ebbi modo di riflettere su come siano diversi il corpo e l'animo. Nel corpo i dolori non tardano a farsi sentire: prima i piedi, e subito dopo le giunture, cominciano a dolere. Nell'animo, invece, non esistono sintomi: anzi, più uno sta male, e tanto meno si rende conto di quello che gli succede. Capita, in pratica, quello che accade a chi sogna: percepisce la situazione pur senza poter intervenire per modificarla. Potrà solo raccontare il suo sogno dopo essersi svegliato, così come potrà riconoscere i suoi vizi solo dopo averli superati. E per svegliarci dai vizi che ancora ci affliggono abbiamo bisogno, come sempre, della filosofia. Addio

tuo Lucio Anneo
(Sen-53)

Caro Lucio Anneo,

due lettere ricevute nello stesso giorno, e tutte e due contro i viaggi. Questa, mi dispiace dovertelo dire, è un'altra prova che stai davvero invecchiando. Da giovani, infatti, si ha voglia di conoscere il mondo e non c'è disagio che ci possa spaventare. Da vecchi, invece, diventiamo anno dopo anno animali da tana. Guai a spostarci dalle nostre case, dai nostri libri e, soprattutto, dalle nostre abitudini. Dov'è la verità? Come sempre, sta nel mezzo: viaggiare solo quando è indispensabile, e solo dopo esserci bene informati sulla lunghezza del viaggio, sui cambi di cavalli durante il percorso, e soprattutto sulle condizioni del tempo. Sono convinto, ad esempio, che anche Ulisse soffrisse il mal di mare e che soltanto la sua innata prudenza riuscisse a fargli evitare le traversate dolorose. Per il resto sono d'accordo con te: sempre che sia possibile, evitiamo di fare dei viaggi troppo lunghi. E valga per tutti la massima: «Il giorno più bello di un viaggio è quello del ritorno».

Sempre a proposito di viaggi, vorrei raccontartene uno da me sostenuto il mese scorso. Dovevo andare ad Agrigento, per una causa indetta da tale Terenzio Saturnino contro il suo vicino di casa Vitellio Rufo. Non che me ne importasse molto, ma il padre di Vitellio era stato mio compagno di studi a Pom-

pei e mi aveva tanto raccomandato il figlio. Insomma, per farla breve, durante il viaggio siamo stati attaccati da un nugolo di zanzare inferocite che ci hanno coperto di punture dalla testa ai piedi. Un giovane della mia scorta, con la pelle, forse, più sensibile della mia, è stato quasi sul punto di morire, anche se, appena arrivati ad Agrigento, gli schiavi di Vitellio Rufo gli hanno ricoperto il viso e le braccia di unguenti. Ora, di chi è la colpa? Delle zanzare? Nossignore, la colpa era nostra e soltanto nostra. Non sono state le zanzare a venire da noi, ma noi ad andare dalle zanzare. Era giusto, quindi, che ci traforassero la pelle con i loro pungiglioni velenosi. Addio

tuo Lucilio

Pascal e le Maldive

«Non puoi immaginare quanto io sia d'accordo con i nostri amici!» comunico ad Alessia. «Odio i viaggi più di ogni altra cosa al mondo. Non parliamo, poi, di quelli di mare: sono da evitare come la peste.»

«Esattamente il contrario di quello che penso io» mi risponde Alessia. «Dipendesse da me non farei altro che viaggiare. Vorrei andare alle Maldive, in Egitto, in Kenya, ai Caraibi e dovunque fosse possibile dimenticare Roma, lo smog e il traffico.»

«Sai cosa diceva Pascal?»

«Che diceva?»

«"Tutta l'infelicità del mondo dipende dal fatto che nessuno vuole starsene a casa sua." Non so se sia il pensiero numero 354 o il 355, ma sta da quelle parti. E come dargli torto?! Prendiamo, ad esempio, il primo luogo che hai nominato: le Maldive. Io ci sono stato. Si tratta di isolotti, tutti uguali, lunghi cinquecento metri, fatti di sabbia e con delle palme al centro. Supponiamo di trovarci lì, domani mattina, io e te. Che facciamo?»

«Un meraviglioso bagno di mare.»

«E dopo mezz'ora?»

«Ci mettiamo al sole.»

«E dopo un'altra mezz'ora?»

Alessia non risponde, forse solo perché non ha ancora capito dove voglio andare a parare.

«Insomma,» riprendo io «se mi trovassi da solo alle Maldive, dopo un secondo bagno di mare, bello quanto vuoi, ma senza i giornali del mattino da leggere, io mi annoierei a morte...»

«... d'accordo,» m'interrompe Alessia «ma ci sarei anch'io a tenerti compagnia.»

«Ed è qui che ti volevo!» esclamo trionfante. «Diciamo, allora, che il bello del viaggio non sta nelle Maldive, ma nella tua compagnia. Un giorno qualcuno invitò Socrate a fare una passeggiata a Capo Sunio e il filosofo rifiutò senza nemmeno starci troppo a pensare. L'altro, allora, cominciò a descrivere le bellezze naturali che avrebbero visto: "Sappi, o Socrate, che il tramonto di Capo Sunio è famoso in tutto il mondo per i suoi colori. Poi ci sono gli alberi secolari, e poi c'è il mare!". "E a me" rispose Socrate "non importa nulla del tramonto, degli alberi e del mare. L'unico viaggio che m'interessa è quello che potrei fare all'interno di un uomo, e dal momento che qui, ad Atene, di uomini ce ne sono già abbastanza, non vedo perché debbo andare fino a Capo Sunio."»

«Quindi, se ti dicessi di andare domani insieme alle Maldive, tu non verresti?»

«Certo che verrei» rispondo. «Ma verrei anche se mi invitassi a Cinisello Balsamo.»

Sulla lettura
e sulla sua importanza

Caro Lucilio,

quello che vengo a sapere di te mi fa ben sperare. Mi dicono che ti dedichi alla lettura e, cosa ancora più importante, che hai i tuoi autori preferiti. Cambiare spesso, infatti, quando si legge, non è per nulla un buon segno: indica quasi sempre la presenza di uno spirito inquieto. Chi vuol essere dappertutto non sta in nessun luogo. Chi trascorre la vita in un continuo vagabondare finisce col trovare moltissimi ospiti, ma pochissimi amici. Come pure è da rimproverare colui che legge troppo in fretta: si comporta come quegli uomini che vomitano un attimo dopo aver mangiato e che non danno tempo al cibo di nutrire l'organismo, o come quelli che cambiano di continuo le medicine perché sperano che quella nuova sia più efficace.

Troppi libri producono distrazione. Confondono le idee. Ragion per cui, se non hai il tempo per leggerli tutti, fa' prima le tue scelte, e poi dedicati agli autori che hai selezionato. «Ma a me» potresti obiettare «piace sfogliare più libri possibile, prima di dedicarmi a uno solo di essi», e questo te lo posso anche concedere, a patto però che, dopo averli sfogliati, tu faccia le tue scelte. Assaggiare qua e là, infatti, è proprio di uno stomaco viziato, e troppi cibi non nutrono, ma rovinano l'appetito. Il mio consiglio, quindi, volendo concludere, è quello di limitarti ad alcuni autori fondamentali, e, piuttosto che passare ad altri, di ritornare a leggere quelli che a suo tempo ti hanno conquistato.

A questo punto non mi resta che regalarti, come altre volte ho fatto, una massima del saggio Epicuro: «È una bella conquista la povertà, quando viene accettata con animo lieto». Anche se poi, a essere sinceri, non sono molto d'accordo con questa frase. Eh già, perché la povertà, nel momento stesso in cui viene accettata, cessa di essere povertà e diventa ricchezza. Essere poveri vuol dire essenzialmente desiderare ciò che non si possiede, e quindi, per sentirsi ricchi, basterà non guardare e, soprattutto, non invidiare le ricchezze altrui. Non serve, allora, avere molte monete d'oro in cassaforte, o quintali di grano nei granai, o numerosi armenti al pascolo con il tuo nome marcato sui lombi: l'importante è vivere come se tutte queste cose non fossero mai esistite. Addio

tuo Lucio Anneo
(Sen-2)

Caro Lucio Anneo,

ovviamente ho i miei autori preferiti, e tra questi il mai abbastanza lodato Virgilio e il malinconico Ovidio dei malinconici Tristia. Ciò non toglie che da quando ho scoperto il piacere della lettura vorrei leggere tutto quello che è stato scritto a questo mondo, e ogni libro, credimi, anche il più modesto, finisce per accendere in me nuove idee e nuovi pensieri. È come gettare sassi in uno stagno: per quanto piccole possano essere le onde, finiscono sempre per generare altre onde e per farmi venire la voglia di approfondire gli argomenti che ho appena letto.

Proprio ieri ho finito di leggere un libro di miti greci. L'autore era un certo Crisippide, a me del tutto sconosciuto. A sedurmi è stato il titolo della raccolta: Per fortuna si muore. *Dentro vi ho trovato tutte storie in cui la morte veniva vista non più come una punizione degli Dei, ma come una grazia concessa ai più sfortunati. Mi ha commosso in particolare la vicenda di Titone. Costui era un giovane pescatore di cui si era innamorata perdutamente la Dea Aurora. A detta dell'autore, la Dea, potendo chiedere a Zeus un solo dono per il suo protetto, ne aveva chiesto e ottenuto l'immortalità, dimenticandosi, però, di chiederne an-*

che l'eterna giovinezza. Ebbene, il povero Titone, anno dopo anno, divenne sempre più vecchio e più brutto. A un certo punto la Dea, non sopportandone più la vista, lo segregò in una grotta buia per poi passargli il cibo attraverso un piccolo buco che aveva praticato nella roccia. Una storia, insomma, che mi ha fatto molto riflettere e che ho scoperto, per l'appunto, sfogliando il libro di uno sconosciuto. A questo punto non posso fare a meno di spedirtelo. Resto in attesa di un tuo commento. Addio

tuo Lucilio

Caro Lucilio,

ho ricevuto il libro che mi avevi promesso e te ne sono grato. All'inizio, a essere sincero, non avevo molta intenzione di leggerlo. L'ho messo da parte, per poi sfogliarlo con comodo in un secondo momento. Sennonché mi è capitato di leggerne le prime pagine, e a quel punto non sono più riuscito a staccarmene. Pur essendo un testo voluminoso mi è sembrato breve e conciso, tanto era scorrevole il suo stile. Avrebbe potuto essere un'opera di Tito Livio o di Epicuro. L'ho letto tutto di un fiato, da cima a fondo, e alla fine ho esclamato: «Che autore, che ingegno, che spirito, che slancio!». Certo che anche il soggetto ha contribuito a rendere più interessante la lettura. Per il momento, però, non ho intenzione di dirti altro: aspetta che lo rilegga una seconda volta e poi te ne darò un ponderato giudizio. Addio

tuo Lucio Anneo
(Sen-46)

Caro Lucio Anneo,

la tua ultima lettera mi ha reso davvero felice. Mi hai scritto che ti è molto piaciuto il libro che ti ho inviato, e la notizia mi ha riempito di gioia.

Apparentemente la lettura è un'attività solitaria, da svolgere nel chiuso di una stanza, e invece, non appena un libro passa da una mano all'altra, diventa immediatamente un mezzo di comunicazione che ci fa sapere se apparteniamo o meno alla stessa categoria umana. Poter parlare di un libro che è piaciuto a entrambi è come andare insieme a fare un viaggio: ognuno gode della meraviglia dell'altro. Se poi l'altro è anche un amico, la gioia aumenta in proporzione.

Su questo aspetto della lettura, infatti, non sono assolutamente d'accordo con Socrate. Ora, non so se ti ricordi, ma nel Fedro il nostro filosofo se la prende con il Dio Theuth, inventore dei numeri, dei dadi e della scrittura, e lo accusa di aver inventato un sistema abominevole che condurrà l'uomo in un baratro d'ignoranza. Fidandosi del fatto che tutto quello che c'è da sapere si trova nei libri, l'uomo non eserciterà più la memoria e finirà col perdere l'uso del cervello. Meglio parlare con un essere umano, sostiene Socrate, che leggere un libro, giacché a un libro non puoi fare delle obiezioni, mentre a un essere umano sì: il libro risponderà sempre nello stesso modo, quello nel quale ha risposto la prima volta che lo hai letto. Si comporterà in pratica come una statua di marmo alla quale è inutile fare domande. Evidentemente, però, Socrate sottovalutava il libro come collegamento tra due persone che si stimano. Nel nostro caso, ad esempio, è servito a evidenziare le nostre affinità. Se è piaciuto a te, e se è piaciuto a me, vuol dire che almeno in questo ci rassomigliamo, e la cosa non può che farci piacere. Addio

tuo Lucilio

Leggere e immaginare

«Ma è vero che Socrate parlava male della scrittura? O è Lucilio che se lo sta inventando?» mi chiede Alessia.

«Certo che è vero, e si capisce anche perché: Socrate non sapeva scrivere e aveva per la scrittura la stessa diffidenza che molti dei nostri scrittori, di età avanzata, hanno per il computer. È del tutto inutile spiegare loro i vantaggi di un programma di scrittura: è un mezzo che non appartiene alla loro generazione e quindi lo guardano con diffidenza, se non addirittura con un pizzico di terrore. Comunque, se vuoi saperne di più, leggiti l'ultima parte del *Fedro*.»

«E tu» mi chiede Alessia «come sei messo col computer? Bene, immagino.»

«Beh, ci sono cresciuto dentro! Ho cominciato a programmare computer fin dall'aprile del 1960. Il primo sul quale ho messo le mani si chiamava IBM 1401: aveva duemila posizioni di memoria, era grande come un armadio a sei ante, lavorava a schede perforate, si rompeva ogni mezz'ora, e faceva solo addizioni e sottrazioni. Per fargli fare anche le moltiplicazioni bisognava convincerlo con le buone. Ma, a proposito di lettura, tu come sei messa?»

«Ovviamente bene,» risponde Alessia «anche se vorrei essere sempre io a decidere cosa leggere e cosa non leggere.»

«Non mi dire che Enrico ti obbliga a leggere solo le cose che piacciono a lui.»

«In un certo senso, sì: ha cominciato con *Vivere, amare, capirsi* di Leo Buscaglia, e fin lì pazienza. Ora sono almeno tre settimane che mi ha passato *Le Confessioni di un ottuagenario* di Ippolito Nievo, una palla che non ti dico. Ieri, comunque, gliel'ho detto chiaro e tondo: "Enrico, lo leggerò solo quando sarò diventata anch'io un'ottuagenaria". Tu, invece, immagino, leggi moltissimo.»

«Saranno almeno cinque anni che non leggo più un romanzo» rispondo alquanto imbarazzato. «Il fatto è che leggo tanto durante il giorno per documentarmi su quello che debbo scrivere, che la sera arrivo a pezzi, e tutto mi va di fare tranne che mettermi a leggere. Comunque ho una grande nostalgia dei tempi in cui divoravo tutti i russi che riuscivo a trovare: da Čechov a Gogol', da Tolstoj a Dostoevskij. Poi presi la cotta per gli americani, sia per quelli del nord, come Hemingway e Steinbeck, che per quelli del sud, come García Márquez e Jorge Amado, e per ultimi arrivarono gli inglesi, e in particolare Bertrand Russell e Robert Graves. Ma sono pienamente d'accordo con te: guai a imporre agli altri i libri che ci sono piaciuti. Nessuno è più pericoloso di quei professori che obbligano gli alunni a leggere un determinato libro. Quasi sempre finiscono col farlo odiare. L'ideale, invece, sarebbe consigliarne una decina e fare in modo che siano poi i ragazzi a scegliere, tenendo conto che, almeno agli inizi, qualsiasi lettura è buona, perché serve ad abituare i giovani a leggere. Anche, quindi, i gialli di Agatha Christie, le storie d'amore di Liala, e i romanzi di Simenon, anzi, soprattutto i romanzi di Simenon.»

«È proprio così,» concorda Alessia «ma se dovessi convincere un ragazzo a preferire un libro a una telenovela, che cosa gli diresti?»

«Che in una telenovela lui vede tutto: le facce dei protagonisti, i costumi e l'ambiente. In un libro, invece, per quanto bravo possa essere stato l'autore, alcune cose se le può solo immaginare, ed è proprio questo "dover immaginare" a fargli crescere la fantasia. Se un ragazzo legge *Delitto e castigo*, si deve immaginare la faccia del giovane Raskol'nikov e quella della vecchietta che viene ammazzata; se ne vede, invece, la trasposizione televisiva, può anche fare altre cose, come mangiucchiare o rispondere al telefono. Come dire che quando è lettore lavora col cervello, e quando è spettatore è un animale passivo.»

Sulle api

C aro L ucilio,

qual è il più operoso di tutti gli animali? Senza dubbio l'ape. E cosa fa un'ape? A detta di Virgilio, «sugge il limpido miele per poi andarlo a depositare nelle cellette del suo alveare». Solo che, mentre per alcuni il miele è già all'interno dei fiori, e l'ape si limita a trasportarlo, per altri invece è lei, l'ape, a tramutare quello che ha succhiato in dolcissimo miele. Non ci resta quindi che imitarla: la natura ci suggerisce di volare di autore in autore, per trarre da ciascuno di essi il meglio che ha scritto, salvo poi mutarlo con la nostra sensibilità in nuove regole di saggezza. Pazienza se qualcuno, leggendoci, riconoscerà l'autore dal quale abbiamo preso lo spunto. Sarà come intravedere nel viso di un figlio i tratti somatici del padre. L'importante, però, è che il messaggio finale possa giovare ugualmente all'umanità. La medesima cosa la facciamo, inconsapevolmente, ogni volta che ci sediamo a tavola: introduciamo il cibo nel corpo perché spinti dalla fame, salvo poi affidarlo ai succhi gastrici affinché lo trasformino in sangue e in energia fisica.

Quando ascoltiamo un coro a noi sembra di udire un'unica voce, laddove esso, invece, è formato da tante voci diverse. Un coro, infatti, è composto da voci acute, gravi e medie, e anche da voci maschili e femminili. L'importante, però, è che tutte queste voci, nel cantare insieme, diventino un unico suono armonioso. Così vorrei che si comportasse anche l'animo nostro:

tante cognizioni diverse, tanti precetti disparati, tanti esempi provenienti da autori defunti che, quando ci esprimiamo, si compongano in un unico messaggio morale. Ma come ottenere un simile risultato? È semplice: con la filosofia. Lascia, allora, o mio Lucilio, tutti quei piaceri che ti snervano e ti fiaccano. Evita gli ambiziosi: sono individui esecrabili, rosi dall'invidia e dal desiderio di essere invidiati. La loro casa è sempre affollata da clienti che bisticciano tra loro per entrare e che continuano a bisticciare anche dopo essere entrati. Non vivranno mai una vita felice perché nella loro mente non entrerà mai la saggezza. Addio

tuo Lucio Anneo
(Sen-84)

Caro Lucio Anneo,

studiando Pitagora, Empedocle e Platone, ho appreso una teoria, detta metempsicosi, *secondo la quale ognuno di noi, dopo morto, a seconda di come si è comportato nella vita, può rinascere in un essere più nobile o più ignobile. Platone, in particolare, sostiene che l'anima di un uomo è un auriga che guida una biga trainata da due cavalli, il primo dei quali è di ottima razza e cerca di trascinare l'anima verso l'alto, mentre il secondo è un broccaccio che tende sempre ad andare verso il basso. Se nel corso di una vita prende il sopravvento il cavallo peggiore, l'uomo rinasce nel corpo di una donna, e se anche nella vita di quest'ultima la biga continua a scivolare verso il basso, rinasce nel corpo di un animale. Ma non basta: perfino tra gli animali esiste una graduatoria basata sulla qualità di ciascuno di essi. Ebbene, perché tu lo sappia, l'ape si trova agli ultimi posti. D'altra parte, perché meravigliarsi? L'ape è solo una schiava che compie ogni giorno lo stesso lavoro, senza mai chiedersi perché lo fa e per conto di chi: lavora e basta. E allora non mi puoi dar torto se, in un'altra vita, preferirei rinascere nel corpo di un leone selvaggio, di un'aquila imperiale o di un delfino guizzante, piuttosto che in quello di un'ape.*

Entrando, poi, nel merito del tuo consiglio, non sono così sicuro che convenga volare di fiore in fiore. Tu stesso, in una lettera di non molto tempo fa, mi consigliavi di non disperdermi tra mille autori, ma di concentrarmi solo su alcuni di essi: non tanto per evitare di farsi troppo influenzare da qualche autore, quanto, semmai, per offrire nuovi stimoli a coloro che ci seguiranno, giacché se oggi, in quanto viventi, siamo delle api, domani, in quanto defunti, diventeremo tutti dei fiori dai quali le api del futuro potranno suggere il miele. Addio

tuo Lucilio

Animali maschi
e animali femmine

«Più leggo Lucilio e più mi sta sulle palle!» esclama Alessia. «Mi rifiuto di credere che Platone abbia potuto scrivere simili sciocchezze! L'anima dell'uomo che va verso l'alto, quella della donna che va verso il basso e via dicendo!»

«E fai male a non crederci perché è tutto scritto nel *Timeo*» rispondo io, godendo come una Pasqua, senza però farmene accorgere. «Tu, in quanto donna, sei un essere a metà strada tra l'uomo e l'animale...»

«... e tu, in quanto uomo, sei il più schifoso di tutti gli animali.»

«È del tutto inutile che ti arrabbi: la donna nell'antichità era considerata un essere poco più importante di un animale domestico. Ricordati di come Socrate tratta sua moglie quando lei lo va a trovare in carcere: si rivolge ai carcerieri e li prega di portarla via. "Per favore," dice "portate via questa donna: con i suoi piagnistei ci fa solo perdere tempo e noi qui dobbiamo parlare!"»

«E a te sembra giusto?»

«Non sto dicendo che è giusto, ti sto solo ricordando come venivano trattate le donne nell'antichità. D'altra parte, nei confronti dell'universo femminile c'è sempre stato un atteggiamento sfavorevole. Basta riflettere su come suonano diversi i nomi degli animali maschi e quelli degli animali femmine. Eccotene qualche esempio: il toro e la vacca, il cane e la cagna, il topo e la zoccola, per non parlare poi della femmina del maiale che, a seconda dei casi, può essere chiamata scrofa, porca, maiala o troia.»

«E a te tutto questo diverte: è vero?»

«E dàlli: trovo anch'io che la donna è sempre stata discriminata. Qui, piuttosto, il discorso è un altro. Lucilio non ha afferrato il messaggio di Seneca: il vero compito dell'ape non è quello di trasportare il nettare, bensì quello di trasformarlo in miele.»

«Sì, però, dice pure che, prelevando le idee dagli altri autori, si corre il rischio di passare per copioni.»

«Se si copia da un solo autore, certamente. Ma in tal caso si chiama "plagio", ed è un reato perseguito dalla legge. Se, invece, si copia da più autori si chiama "ricerca", ed è una cosa degna di rispetto. Io spesso mi dedico alla ricerca.»

Sulla morte

Caro Lucilio,

la malattia, che per un po' mi aveva lasciato in pace, mi ha aggredito di nuovo. Quale malattia, mi chiederai? Hai ragione a chiedermelo, dal momento che io, le malattie, le ho avute tutte o quasi tutte. L'ultima in ordine di tempo è stata l'asma, che come tu ben sai rende difficile anche il più piccolo movimento. A proposito di asma, non ho mai capito perché chiamarla con un nome greco, quando avremmo potuto definirla più semplicemente «difficoltà respiratoria».

L'attacco d'asma in genere non dura molto: sì e no un'ora, più o meno come un temporale. Durante quell'ora, però, ti rendi conto di che cosa vuol dire morire. Non a caso i medici l'hanno definita «meditazione di morte». Il momento peggiore è quando ti senti soffocare e non sai ancora se potrai o no riprendere a respirare. Credimi, o Lucilio, non ti racconto questo per rallegrarmi di essere sfuggito al pericolo. Sarei stupido se lo pensassi. Mi comporterei come colui che crede di aver vinto la causa solo perché è riuscito a rimandare di qualche giorno il processo. Prima o poi sarà lei, quell'asma maledetta, ad averla vinta, sempre che non venga preceduta da qualche sua collega, magari più determinata, anche se con nome non greco.

Sono convinto che ogni malattia sia un'anticipazione della morte. È la natura che mi vuol mettere alla prova per vedere se mi terrorizzo. Ma io non mi spavento: la morte la conosco da

sempre, fin da quando sono nato, e mi lascia del tutto indiffe-
rente. Lei è semplicemente il non essere, e come non ho sofferto
prima di nascere, così non dovrei soffrire nemmeno dopo,
quando sarò morto. Sono convinto, insomma, che dopo acca-
drà quello che è accaduto prima. Ho sofferto prima? No. E al-
lora non soffrirò nemmeno dopo. Ora, come lo definiresti tu
uno che pensasse che una lucerna, che è stata appena spenta,
sia peggiore di una lucerna che non è stata nemmeno accesa?
Uno stupido, immagino, e avresti ragione a crederlo. È solo il
periodo intermedio quello che ci deve preoccupare: è in quel
breve lasso di tempo, infatti, che diventiamo sensibili al dolore,
laddove prima di nascere, e dopo morti, godiamo di un'ottima
salute, quella, per l'appunto, del non essere. Addio

tuo Lucio Anneo
(Sen-54)

Caro Lucio Anneo,

mi spiace sapere che non sei stato bene, ma ti comunico che
anch'io ho avuto i miei bravi problemi. Da qualche tempo a
questa parte, infatti, sono soggetto a frequenti giramenti di te-
sta, dovuti, a detta dei medici, a pulsazioni di sangue troppo
violente. Ora, come tu ben sai, il palazzo della procura, qui in
Sicilia, si trova in cima a una collina e io, ogni mattina, per
andare a lavorare sono costretto a salire la bellezza di cento-
venti scalini. Ebbene, credimi, quando arrivo lassù, respiro a
fatica. Più di una volta, infatti, sono stato costretto a fermar-
mi a metà scalinata per riprendere fiato. I medici da me inter-
pellati, malgrado la loro bravura, non hanno saputo far altro
che sottopormi a dei tremendi salassi. Mi hanno appiccicato
sulla pancia delle schifosissime sanguisughe che mi hanno
succhiato litri e litri di sangue. Poi un bel giorno sono stato io
stesso a scoprire l'origine dei miei mali: ero grasso, troppo
grasso, e per guarire mi sarebbe bastato mangiare di meno,
tutto qui. Come vedi, il filosofo, quando invita i suoi allievi a
prendere le distanze dai piaceri del ventre, finisce per diventare

anche un medico. *La natura non ama gli eccessi, e come fa morire gli uomini troppo magri, così non risparmia quelli troppo grassi.*

Tutto questo, però, non ha nulla a che vedere con la morte. Convengo con te che la sofferenza è un qualcosa di collegato a quel periodo di tempo che intercorre tra l'uscita da un buco e l'entrata in un altro buco. Tuttavia mi chiedo, e ti chiedo: «È preferibile non soffrire mai, e cioè vivere nel più assoluto "non essere", o continuare a "essere" pur avendo qualche piccolo acciacco? Insomma, amico mio: che cos'è la morte?». Addio

tuo Lucilio

Un bell'ambiente

«Dipende dall'acciacco» è il commento asciutto di Alessia. «Se è solo un po' di affanno, pazienza, se invece è uno di quei mali terribili che non voglio nemmeno nominare, meglio il "non essere".»

«Risposta degna di Seneca. Ritorna, comunque, il problema della morte. Ora, non so se ci hai fatto caso, ma Seneca non pensa ad altro. Sfido io che a un certo punto si è ucciso! Tu sei giovane e non lo puoi capire, ma dopo i settanta non c'è giorno che non si pensi alla morte. Guai a sfogliare un album di famiglia, o a incontrare un ex collega di lavoro. A ogni nome che si fa, si corre il rischio di sentirsi dire che "purtroppo, il poverino, non è più".»

«Ci pensavo proprio l'altro giorno» mi conferma Alessia. «Ho visto per caso in televisione il film *C'era una volta Hollywood,* dove in una scena si vedevano seduti a tavola, l'uno accanto all'altro, un centinaio di star della Metro Goldwyn Mayer, da Judy Garland a Fred Astaire, tutti morti o con un piede nella fossa.»

«La verità è che Seneca non ha scritto le lettere a Lucilio, bensì alla morte, e Lucilio è solo l'interposta persona attraverso la quale lui pone le domande. Perché si muore? Perché si soffre? Perché la vita è così breve?»

«Dio mio,» protesta Alessia «adesso mi fai diventare le lettere di Seneca un vero incubo.»

«Non è detto. La morte potrebbe anche essere un traguardo piacevole. Quando penso al Paradiso, me lo immagino come un giardino pieno di fiori dove l'ambiente migliora giorno dopo giorno, diventando sempre più allegro e stimolante. Immagina, seduti intorno a una fontana, Totò, Eduardo, Peppino, Walter Chiari e Tognazzi che si prendono in giro a vicenda e che commentano il telegiornale delle venti. Poi, trattandosi di eternità, ci sarebbe anche il tempo per parlare con tutti. Io, ad esempio, mi siederei accanto a Federico Fellini e mi farei raccontare da lui come avrebbe fatto il Paradiso, se si fosse trovato al posto di Dio.»

Sulla verità

Caro Lucilio,

colgo l'occasione per inviarti un consiglio pratico, un consiglio che non dovrai mai dimenticare: nella vita l'unico scopo per il quale vale la pena di vivere è la verità, che poi, guarda caso, coincide con la virtù. Cercala sempre con determinazione e non te ne pentirai. Come, poi, riuscire a individuarla è presto detto: usando come chiave d'accesso la filosofia. Ogni altro mezzo, infatti, ti porterebbe fuori strada. In particolare se imposti la tua vita sui falsi piaceri. Prima o poi, credimi, finiresti col soffrire per averli perduti. Il mondo è pieno di gente che piange per qualcosa che ha perso: c'è chi si dispera per la morte di un figlio, chi perché non ha più la salute, chi perché non ha successo in politica, chi perché è stato appena abbandonato da un'amante, e chi perché spasima per la donna di un altro. Il gruppo, poi, che soffre maggiormente è quello formato da coloro che hanno paura della morte. È incredibile come questi disgraziati riescano a soffrire anche quando la morte li ha solo sfiorati. Come, infatti, restano rintronati quelli che hanno visto cadere un fulmine a poca distanza dalla loro persona, così chi ha saputo della morte di un amico, o di un coetaneo, o di un parente, finisce con lo sprofondare nel più assoluto scoramento, quasi che avesse appreso l'esistenza della morte solo in quel momento. E la medesima cosa, ma di segno opposto, accade a chi è stato appena favorito dalla buo-

na sorte. Tutti quelli, infatti, che al posto di una disgrazia si sono visti piovere addosso un dono inaspettato, invece di essere felici per la fortuna improvvisa, soffrono per non aver saputo raccogliere tutto quello che avrebbero potuto prendere, magari sottraendolo a qualcuno che ne aveva più bisogno e, così facendo, trasformano una probabile felicità in un sicuro rammarico, senza mai riflettere che nella vita il massimo dei beni non è mai raggiungibile. Ed è in questi frangenti che si distingue il filosofo vero dal filosofo falso: quello vero non si dispera più di tanto, quando gli capita una disgrazia, e non esagera mai nel gioire, quando gli vengono elargiti dei beni inaspettati.

Ma passiamo ad altri argomenti. Se ci rifletti sopra un attimo, ti renderai conto che gli Dei non posseggono molti dei piaceri che invece, di tanto in tanto, sono a nostra disposizione: non sanno, ad esempio, che cos'è la ricchezza, o cosa vuol dire il piacere dei sensi, o cosa si prova a riempirsi lo stomaco di cibi prelibati. Ebbene, delle due l'una: o noi, esseri mortali, siamo molto più fortunati degli Dei, o questi piaceri non sono dei veri piaceri. E non basta: molti dei piaceri che ti ho appena elencato vengono concessi anche agli animali, e gli animali, povere bestie, li praticano abbastanza spesso senza mai provare né vergogna né pentimento. A questo punto giudica tu se è possibile che esistano delle sensazioni che rendono gli uomini superiori agli Dei, e gli animali agli uomini. Sarebbe come dire che gli animali sono superiori agli Dei.

Ama piuttosto la verità: è l'unica che ti può salvare nelle alterne fortune. Come l'amore per i propri figli spinge le fiere a scagliarsi contro le lance dei cacciatori, così l'amore per la verità potrà indurti ad affrontare le avversità della vita. Se perdi un amico di animo buono, non è detto che chi lo sostituirà avrà l'animo cattivo. Se perdi un figlio affettuoso, non è detto che il figlio che ti resta diventerà malvagio. Se è stata la virtù a generarlo di animo gentile, non saranno certo i dardi della mala sorte a farlo cambiare di carattere. Il bene si perde solo quando si trasforma in male. Che importa se l'acqua, scorrendo, è stata deviata dalle asperità del terreno? L'importante è *che si sia salvata la sorgente, e la sorgente, nel nostro caso, è la verità. Punta allora su di essa, o mio Lucilio, e nulla ti potrà più offendere. Addio*

tuo Lucio Anneo
(Sen-74)

Caro Lucio Anneo,

tu m'inviti a puntare sulla verità e io ti comunico che, invece, sempre più spesso mi accorgo di puntare sull'errore. Il fatto è che anche l'errore, a saperlo bene interpretare, ha i suoi lati positivi. A mio modo di vedere, infatti, l'uomo si trova in una stanza buia ed è costretto a trovare l'uscita a tentoni. Allora che fa? Si avvia verso una direzione qualsiasi finché non viene fermato da un muro. Ebbene, perché si sappia, quel muro è l'errore. A questo punto, però, il nostro uomo cambierà direzione e s'inoltrerà di nuovo nel buio finché non si scontrerà con un altro muro e quindi con un altro errore. A forza di errori, però, prima o poi troverà l'uscita, ovvero la verità. L'importante è che non stia mai fermo, e che nel camminare proceda sempre con molta cautela, per non farsi troppo male quando sbatte contro i muri.

Chiamala, se vuoi, "filosofia dell'errore" o "prova continua", ma questa è stata la regola che mi ha accompagnato finora nel corso della vita. Come dire che la saggezza non sta tanto nel conoscere la verità, quanto nel riconoscere l'errore. Di gran lunga più pericolosa, invece, potrebbe essere la presunzione di trovarsi sempre sulla strada giusta. Magari solo perché siamo stati fortunati un paio di volte, finiamo col convincerci che nulla ci potrà più fermare: allora sì che rischiamo di farci male. L'urto in quel caso sarà tremendo, tanto più tremendo quanto più inatteso. Ed è con questo invito a non desistere mai, ma anche a essere prudente, che ti saluto con affetto. Addio

tuo Lucilio

L'uomo giusto

«Hai mai fatto errori nella vita di cui, poi, ti sei pentita?» chiedo ad Alessia, senza però riceverne risposta.

Le porgo di nuovo la domanda e questa volta mi accorgo che è del tutto assente, come se fosse lontana anni luce. A forza d'insistere, però, riesco a farmi sentire. Mi risponde con un filo di voce:

«Ieri sera mi sono lasciata con Enrico.»

«Ma che dici? Vi siete lasciati? E perché?»

«Una volta si diceva "per incompatibilità di carattere", oggi io dico "perché non ne potevo più".»

«Ma non gli volevi bene?»

«Certo che gli volevo bene e, anzi, gliene voglio ancora. Ma il bene non è tutto a questo mondo. Io ho bisogno di emozioni, e con Enrico, diciamo la verità, di emozioni ne provavo pochine.»

«Allora, se ho ben capito, ti metterai con Aldino?»

«Non ci penso nemmeno: sarebbe un errore ancora più grande. Nossignore, per seguire i consigli di Lucilio, brancolerò nel buio, sbatterò contro altri muri, fino a quando non troverò l'uscita, e cioè l'uomo giusto.»

«E come dovrebbe essere quest'uomo giusto? Magari io ne conosco uno con le caratteristiche che tu desideri, e te lo posso presentare.»

«Più o meno come te, solo con trent'anni di meno.»

Postfazione

Seneca, buonanima, inviò la bellezza di 124 lettere al suo amico Lucilio, tutte piene di preziosi consigli su come raggiungere la felicità senza spendere più di tanto. Si tratta, ovviamente, di testi filosofici secondo i quali per vivere felici basterebbe fermarsi un attimo e raccogliere ciò che di buono è già all'interno del nostro animo.

In questo libro noi riportiamo alcune delle sue lettere e, già che ci siamo, anche le risposte di Lucilio. È inutile precisare che sia le lettere di Seneca sia quelle di Lucilio sono state liberamente interpretate, così come inventati di sana pianta sono i commenti miei e quelli della mia compagna di scavi, la signorina Alessia, studentessa universitaria di bell'aspetto. Chi, invece, vorrà affrontare l'argomento con maggior rigore è invitato a procurarsi una delle tante edizioni esistenti sul mercato e a leggersi le famose lettere direttamente dal latino.

Luciano De Crescenzo

Indice

«Il tempo e la felicità»
di Luciano De Crescenzo
Bestsellers Oscar Mondadori
Arnoldo Mondadori Editore

Questo volume è stato stampato
presso Mondadori Printing S.p.A.
Stabilimento NSM – Cles (TN)
Stampato in Italia – Printed in Italy

47337
2000